老板极简财务课

THE MINIMALIST FINANCE COURSE FOR BOSSES

杨雪松◎著

中国铁道出版社有限公司
CHINA RAILWAY PUBLISHING HOUSE CO., LTD.

图书在版编目(CIP)数据

老板极简财务课 / 杨雪松著. —北京 : 中国铁道出版社有限公司，2021.10

ISBN 978-7-113-28150-2

Ⅰ. ①老. Ⅱ. ①杨. Ⅲ. ①中小企业-企业管理-财务管理 Ⅳ. ①F276.3

中国版本图书馆 CIP 数据核字(2021)第 134532 号

书　　名:**老板极简财务课**
LAOBAN JIJIAN CAIWU KE
作　　者:杨雪松

责任编辑:王淑艳　**编辑部电话**:(010) 51873022　**电子邮箱**:554890432@qq.com
封面设计:末末美书
责任校对:苗　丹
责任印制:赵星辰

出版发行:中国铁道出版社有限公司(100054,北京市西城区右安门西街 8 号)
网　　址:http://www.tdpress.com
印　　刷:中煤(北京)印务有限公司
版　　次:2021 年 10 月第 1 版　2021 年 10 月第 1 次印刷
开　　本:700 mm×1 000 mm 1/16　**印张**:10.75　**字数**:100 千
书　　号:ISBN 978-7-113-28150-2
定　　价:55.00 元

序　　言

一位老板亲口对我说，他从来不看财务报表，只看统计员报给他的统计数据，其实这种情形极具普遍性。我想，原因之一是财务报表充满学术气息，非财务人员难以下咽；原因之二是财务人员见票做账，导致财务信息严重滞后，对管理没啥大用。不管是何种原因，都是财务的悲哀。

其实，我们可以把财务原理与应用讲得老少皆宜，也可以平衡管理与税收的矛盾。在税负最优的前提下，让财务在管理中发挥作用。这就是我出版本书的第一个初衷。

出版本书的第二个初衷，是我发现无论是学校教育还是人生履历，老板在财务方面基本一片空白。创业者在新时代下若不懂财务，就会被互联网洗礼后的同龄人降维打击，创业中途难免触礁搁浅，被迫缴纳智商税。而与老板和创业者相对的国企和外企管理者，可能是受过大学教育，抑或环境熏陶，他们对财务知识并不陌生，特别是对涉及绩效考核的部分尤为敏感。但老板和创业者则不然，他们迫使我在日常服务中，必须讲他们能听懂的话，我也只能从善如流，写了这本给老板和创业者看的财务书。

我所在的城市有经济开发区，因为业务关系，我基本把本市开发区内的企业跑了个遍，发现部分企业陷入现金流的危机，不可自拔。当地政府通过发展工业，为城市化赢得建设资金。由此带来的后果就是，部分老板在开发区低地价的诱惑下，纷纷入局，向银行贷款，大笔投向楼堂馆所。可惜的是，政府收紧对房地产企业融资后，涉足房地产经营的企业业绩也不复往日辉煌，但银行贷款仍高悬头上。每年赚来的利润只够支付银行利息，老板给银行打工绝非虚言，甚至大量民营企业深陷泥潭，走向破产的边缘。究其原委，就是老板们投资过大，固定成本过高，船大难调头，吃了不懂财务管理的苦头。

跨国公司经过几百年的洗礼，大都领教了固定资产投资给企业带来的经营风险，所以一般只租不买，迫不得已才大兴土木。假若国内老板和创业者们能通过阅读这本小书略有一得，认识到财务管理的重要性，我就不胜欣喜了，这也是本书得以问世的第三个初衷。

昆明中天诚会计师事务所主任会计师兼合伙人　杨雪松

目 录

第一篇 财务管理的原则

一、透明经营/*2*

财务工作光明正派/*2*

正派为人的企业理念/*3*

员工的沟通/*4*

利益相关方沟通/*7*

竞争优势的文化基石/*9*

二、完美主义/*10*

现场和细节/*10*

乘数效应/*13*

习惯成自然/*15*

三、现金为王/16

思考的原点——现金/16

赚的钱去哪儿啦/17

是资产，还是费用/19

提升自有资本率才是经营/22

账面盈利，手中缺钱/25

四、减少囤货/26

用好二手货/27

及时清理库存/29

警惕固定成本的增加/32

即用即买，不囤货/34

五、权责发生制/36

提高企业道德，确保数据准确/37

盈利如过山车般大幅波动/40

钱、货、票、账一一对应/42

恶之花/43

六、职责分离、交互稽核/44

领导严于律己并关心爱护员工/45

开票和收付款绝对分离/*48*
现金和票据的联动和复核/*50*
公章管理的最后一公里/*51*
请购与采购的分离稽核/*53*
将应收账款作为贷款来看待/*54*

第二篇　读懂财务报表

一、利润表/*58*
利润是一个估计值/*58*
利润表的目的/*65*
利润主体/*66*
关键的三类数字/*69*
与上期和预算数据的比较/*71*
像打开一本故事书一样来阅读附注/*72*
二、收入/*74*
财务舞弊欺诈高发地带/*75*
三、成本费用/*77*
如何区分成本和费用/*78*

随时变脸的期间费用/*81*

折旧的奥秘/*83*

无形资产摊销/*86*

剔除非经常性损益评估公司业绩/*88*

四、利润/*90*

毛利润/*90*

营业利润/*93*

净利润/*96*

五、资产负债表/*98*

为什么管理者不应该首先关注资产负债表/*98*

资产负债表的格式/*101*

资产负债表的内容/*104*

会计恒等式/*105*

六、资产/*107*

能赚钱的才叫资产/*108*

负资产/*110*

资产如何计价/*111*

哪些资产可以用公允价值计价/*113*

资产和费用的区别/ ***115***

七、货币资金/ *117*

最不需要职业判断的科目/ ***117***

八、存货/ *120*

认识存货/ ***120***

戴明——一个对家庭鸡蛋都实行先进先出的质量管理大师/ ***121***

盘点是为哪般/ ***126***

九、固定资产/ *127*

历史成本原则的优缺点/ ***128***

十、商誉/ *129*

美好的愿望/ ***129***

粉饰报表的工具/ ***131***

三思而后行：负商誉/ ***133***

十一、负债/ *134*

分辨资产、负债是培养财务意识的第一步/ ***135***

俄罗斯轮盘赌里待发的子弹/ ***136***

银行和供应商借融资/ ***137***

债券和融资租赁/*140*

借鸡生蛋与护城河/*142*

第三篇　驱动企业的三个“发动机”

股东投资回报率/*148*

净利润率——盈利能力/*149*

资产周转率——资产效率/*151*

资本杠杆/*152*

决定盈利能力的硬性指标/*154*

提高资产运营效率/*156*

用资本杠杆撬动高额回报/*157*

第一篇

财务管理的原则

老板需要牢记的六大财务原则：透明经营，完美主义，现金为王，减少囤货，权责发生制，职责分离、交互稽核。

一、透明经营

如果经营企业想要获得永续的竞争优势，一定要牢记以信为本的原则。总而言之，创业者、管理者要与员工建立起高度信任关系，这是经营企业的基础。

财务工作光明正派

广大的中小企业要在如此严峻的市场环境当中赢得竞争，老板和员工建立牢固的关系，团结一致是必不可少的。怎样才能够建立起这种信任关系？把公司的处境毫不隐瞒地告诉员工是建立信任的重要环节，让员工明白企业的经营状况。同样地，当企业做大做强上市后，取得利益相关方，包括股东、债权人、供应商的信任同样十分重要，因此也有必要彻底公开公司的信息。

企业经营非常重要的一点就是要光明正派，而要做到这一点，必须把企业的经营放在大众的监督之下，才可以保证内部控制的五要素当中的一个重要的组成部分——信息沟通得以实现，信息沟通强调的就是要解决信息不对称的问题。

经营企业一定不要耍小聪明，绝对不可以做手脚，比如把经营的绩效做得比实际上好。在《企业会计准则》的基本原则里，有一条是提倡真实性原则，也就是要原原本本地反映真实情况，这是作为财务人员应该要做的。由此就必须在前进过程当中渗透这样一种精神：无论是处理钱物还是处理公司财务，财务部门自身都要廉洁奉公，坚持公正与正派。

为此，财务部的所有人都应该随时保证一种公正的态度，但是即使财务部门正确地处理了所有的财务工作，并且提交了财务报告，为会计处理做出了最大的努力。但企业是否可以做到透明经营，还取决于经营高层所秉持的态度。

正派为人的企业理念

企业家必须要有坚定的经营理念和正派的做人标准。只有在这个基础上，才可以谈及政府应该怎么管理，企业应该如何经营。事实上，市场经济并不是为了利益可以不择手段，而是建立在所有的人都严守社会正义的前提条件下，只有拥有了这样一种严格的道德前提，市场经济才能够正常地发挥它的功能和作用。总之，在社会正义普遍受到尊重，透明度高的环境下，市场经济才能够为社会发展做出应有的贡献。

所以，支撑市场经济的企业家们就需要有正派的做人理念，所有的企业都要光明正大地进行经营。但是很遗憾，所谓人无完人，当受到金钱的诱惑时，人们难免会犯错。从身边发生的那么多的丑闻就知道，并不是所有人从开始就想要变成一个坏人。从这个意义上来讲，财务所起的作用就非常大，如果企业有了一个健全的管理体系，那么员工就做不了违法的事情，即使做了，也可以控制在一个最小的范围。

因此，为了达成目的建立起这样一套管理体系，并不需要非常复杂、非常先进的管理技术，只需要每一个经营者追求正派做人的价值理念。在这样的基础上，再把透明经营的原则添加上去就足够了。这样的一个财务理念和体系，不仅可以防止舞弊的发生，也是企业健全发展的必要条件。相反，如果没有这样的财务体系，即使有再好的技术，企业再有钱，也不可能永续发展。

员工的沟通

要做到透明经营，首先，经营管理必须对企业的干部乃至于普通的员工都是要透明的，即不但企业高层对经营管理了如指掌，而且员工也知道公司的现状，了解高层在想什么、做什么。

作为一个创业者、老板，一定不要把企业看作是追求一己私利的工具，而一定要去想一想，企业的使命是什么？企业的使命应是为在企业工作的每一个员工带来身心幸福，企业的使命应是为社会为人类的发展做出自己的贡献。如果老板首先想到的是员工的身心幸福，想到的是能够给社会带来什么样的价值，那么企业的利润也就滚滚而来。所以作为创业者和老板，必须身先士卒，为了达到企业的经营目标付出最大的努力。一旦实践透明经营，就可以让员工看到，为了要达成这样的使命，老板冲锋陷阵的情景。同时，要是在经营过程当中，老板为了自己的私事挪用哪怕一点点企业的钱，或者以经营管理应酬为理由，在业务招待上花了太多钱，那员工也就会全部知道。这样就可以给老板的头上戴上一个紧箍咒，给各位经营者套上一副“手铐”。在这样的情况下，企业才能得到员工的信任，才不会人心背离。

所以为了实现透明经营，首先，老板本身就要严于律己，所作所为在员工乃至于外人看来都是光明正派的；其次，老板以及高层需要把自己在考虑什么、有什么目标正确地传达给员工，比如公司的经营方针，经营战略，这就需要花大力气传达给每一位员工。在每一个经营年度开始的时候，老板就应该向员工解说自己的经营管理计划与策略，把自己的经营方针向中层以上干部进行直接的宣讲，中层以上干部听完老板的经营策略以后，再把内容传达给自己的部下，这样全体员工就可以正确理解公司乃至于整个集团的经营方针、具体的经营目标、具体的管理措施。当企业的经营理念被毫无保留地传达给全体员工以后，就可以作为各个部门的一个重要的经营管理目标和重要的绩效考核目标来依次展开。

除此之外，很多企业每年都会召开战略预算的会议和经营分析会议。老板也需要利用这样的机会去倾听所有干部的发言和意见，了解整个公司的经营状况，从而为企业在市场竞争过程当中应采取什么样的行动找到自己的定位。在企业的每一个事业部、每一个 BU（Business Unit，业务部门，以下简称 BU）月初的部门会议上，老板都需要在这个会议上公布上个月各个 BU 的详细经营业绩，要让大家知道自己所在的 BU 的经营目标是什么，结果是怎样的，同时还要知道其他 BU 的经营目标和经营业绩是怎么完成的。通过这样的方式，致力于把更多的经营信息分享给更多的员工。在工作当中看到自己的不足，找到差距之所在，制定自己的改进措施，同时也可以作为防治舞弊的一个重要手段。

如 A 部门上个月业务支出 10 万元，B 部门只花了 3 万元，每个员工的心里面都有一杆秤，在这样一个透明经营的原则下，所有的经营者会不由自主地受到约束。

因此，让员工知道公司的整体情况、方向和目标，乃至企业会碰到的困难、需要解决的难题等，对于提高整个企业的士气，凝聚员工的斗志都是不可或缺的。当把员工的力量凝聚起来，变成企业的力量，通过透明经营，就可以为企业创造条件，达成最佳的经营目标。

利益相关方沟通

当企业做大做强成功上市以后，就变成了一个公众公司，某种意义上就是一种社会性的存在，就有必要把企业的信息在社会上进行公开披露。

现在，在证券市场上公开企业信息已经变得制度化，在这样的制度体系里面，管理者不仅要公开财务决算的信息，还要在日常工作中高度重视利益相关者，特别是对股东的投资者关系的管理。在投资者关系管理中，对于大规模的机构投资者来说，其重要性自然不必多言，甚至对于一些散户来说，只要是关心公司未来的走向，关心公司股价动向的人，都需要让他们获得企业的经营理念、企业的经营状况以及对未来的规划。

对一个公众公司来讲，就必须能在投资者面前展现自己健全的财务体制，可以让他们安心地把宝贵的资金投资给这样一个有前途的公司，让股东能够正确地理解公司的价值，这样做无形当中就会提高公司在整个证券市场的口碑，进一步提高股价，无论对管理者还是对股东都有好处。

股市完整的周期一般要经过低迷期、初涨动荡期、上升期、下跌期以及底部等几个阶段。要让股市活跃起来，就很有必要把整个证券市场变得更加公正，更加透明。这就必须要从企业自身的透明经营做起，让企业和投资者之间建立起一个良好的沟通渠道。在和投资者进行消息沟通的过程中，即使企业发生了一些不好的事情，比如发生了召回事件，也要有勇气立即对外进行公布。这一举措反而可以让外界提高对公司的信任，所以在遇到困难的时候敢于面对现实。正如鲁迅所言："真的勇士，敢于面对惨淡的人生。"企业要把切实采取的解决措施，坦率地告诉各位投资者。

要做到毫不隐瞒、公开透明，就必须坚持社会公正优于利润的坚定的企业经营哲学。

竞争优势的文化基石

企业经营要秉持透明经营的原则，很多人听后肯定会不以为然，认为有些企业的竞争优势是建立在与合作方及利益相关方维持良好的关系，通过打“擦边球”来获得利润的基础之上，这种观点有失偏颇。

透明的经营原则只适用于想要追求企业永续发展，想要给企业的竞争优势找到坚实基础的企业家。想为企业的竞争优势找到坚实的经营基础，需要的绝对不是什么高深莫测或者复杂的管理技术，只需要养成良好的工作习惯即可。这种良好的工作习惯就需要企业在经营过程当中绝对不容忍任何暧昧的、不清楚的东西。所以，所有的经营者都可以依据法律法规、企业制度找到企业的竞争优势。

如果一个企业对违规的行为十分严厉，那么，所有的人都会变得很严谨，但是一个企业的风气不是这样的，出了问题以后就会被隐瞒下来，像一些“小偷小摸”的不正当行为。如果在日常经营管理过程中睁一只眼，闭一只眼，这样的风气一旦形成，那么组织体系迟早会变质，最终动摇企业的根本。

所以，为了消除舞弊行为，首先，老板要有严于律己的经营哲学；其次，要和员工共享这种经营哲学，在企业内部要形成尊重公平正义的企业文化，在这样的基础上，才可以防止绝大多数的舞弊行为。

二、完美主义

如果以为只要犯了错，就能用橡皮擦抹去的话，那么管理就永远不可能做到完美。有的人会认为，在工作中出一点错是在所难免的。但是大家应该意识到，无论是企业的投资计划，还是日常的会计核算等基础的数字，哪怕只出一点点错误都可能导致经营判断失误。这需要企业所有部门共同努力，才能减少犯错的概率。

现场和细节

中国的民营企业经过了几十年的发展，已经有越来越多的企业开启了第二代接班的局面。有人认为，第二代在接班的时候，都普遍存在一些共性问题。比如有这样一家企业，这个二代不到 30 岁就接班做公司的老总，本来公司的一些日常主要的采购一般都是由老总进行最后审批。结果这个二代碰到这些采购问题，就全部扔给财务，让财务审批。财务总监纳闷了："老大，你怎么不批啊?"这个二代说："这些采购的事情我也不懂，你让我怎么批?"很多二代接班人管理公司以后，发现公司存在的一些问题，但是怎么解决这些问题却束手无策。所以看到这些现象，让人疑惑为什么会出现这个问题。因为二代接班都有一个共同点——没有经过基层的锻炼，直接就做到公司的高层。虽然他们可能从父辈那里学到了怎么管理公司，但是他们未必明白这种微观现场的细节操作。

管理当中遇到的许多问题，实际上都需要管理者亲临现场，深入一线，掌握基层的各种各样的信息以后，才能够对基层反映的问题提出妥善的解决方案。但是由于这些二代没有经过基层的磨炼，必然导致他们的管理能力存在这样的短板。

在 2016 年，汤姆·汉克斯拍了一部影片叫《萨利机长》，在片子中，他扮演的是一位全美航空公司的机长。当飞机从纽约起飞，在起飞爬升过程中遭加拿大黑雁撞击，导致两个引擎同时熄火，飞机完全丧失动力。这时，汤姆·汉克斯扮演的萨利机长立即根据自己的经验，确认无法到达任何附近机场后，决定于哈德逊河河面进行迫降，最后 155 名乘客和机组人员全部生还。但是事后美国民航管理局在对案件进行审查的时候，管理局的“老爷”就提出这样一个问题，当时飞机在遭受到黑雁攻击以后引擎熄火，为什么不立刻决定返航呢？对于“老爷”这样的质问，在随后应用这种飞行模拟器进行模拟时发现，如果当时飞机是返航而不是迫降在哈德逊河河面，由于飞行高度不够，会导致飞机撞上纽约的摩天大楼。

所以萨利机长利用他丰富的工作经验，在关键的时刻做出了一个完美的决策。相应地，企业的老板和创业者们，经常也需要做出完美的决策，老板的判断往往会左右公司的命运。

为了承担起这么一个重大的责任，企业的管理者需要同时明白企业宏观的战略战术，同时还要清楚自己的部下所做的微观工作，否则是不能达到一种完美的状态。什么样的领导才是一个合格的领导？就是当他的部下请假的时候，他也能够把部下的工作做好。担任一个公司的 CEO（首席执行官），如果不能替代公司的部门经理或者是其他 VP（副总）的工作，他就不能够成为一个合格的 CEO。在招聘录用一个部门经理的时候，他如果不能够代替所属部门下属的工作，那他也就没有资格做领导。

作为一个企业的管理者，如果真的想让企业按照自己的意愿经营，就非常有必要频繁地去现场，了解现场的气氛和现场发生的各种事情。否则在 MBA（工商管理学硕士）教育里面所学到的一些理论，也就根本不可能活学活用。如果创业者和老板不能够明白宏观的战略战术打法，同时又不懂微观操作细节的管理者，就不可能游刃有余地管理自己的公司。

乘数效应

现代制造业对产品质量的要求是十分严格的。零次品已经被认为是理所应当的，这就要求所有的工序都要做到完美无缺，否则是不可能达到这样的品质要求。同样，在研究或开发领域，也不允许有一点点的失误，必须要求完美的控制。

但是财务、人力资源，或者是行政这样的部门，经常会有人在做错资料的时候说“对不起，我重做”，以为这样就可以过关。所以审核这样的一些文字资料时，当碰到一些细节上的错误的时候，应该叮嘱下面的同事，不要以为财务工作，凭借“对不起，我重做”这句话就可以过关了。

说实在话，追求完美是很困难的，但是必须有追求完美的态度才不容易出错，因为在日常管理过程中，管理行为之间都是牵连在一起的，牵连在一起之后，就会在企业内部形成一个乘数效应：如果每个部门的正确率都只是90%的话，两个部门的正确率是90%乘以90%，得到的结果就是正确率只有80%。所以，如果没有追求完美的态度，那么到了下一次，中层管理者就会认为实现90%，甚至80%、70%就可以了，最后就觉得无所谓。在这种情况下就会导致公司的纪律变得松散，公司的经营就会每况愈下。

作为创业者和老板，在经营管理过程中的要求一定是100%，千万不能认为没有达到100%，达到95%也是可以的。所以，无论是制造部门的工作业绩，营销部门的销售业绩，还是财务管理部门的工作准确度，都必须要完美执行。

所谓的完美就是指不允许有任何的暧昧或者妥协，所有的工作都要追求完美。这应该是作为企业管理者在经营当中要采取的一个基本的工作态度。

习惯成自然

我作为一家公司的财务总监，经常会要求财务部的经理解释每个月的财务报告上我觉得不明确的地方。后来我们整个财务系统的人在一起，大家聚会吃饭，财务部的经理就趁着酒劲儿，跟我说："哎呀，如果我们把没有仔细研究资料，就做成报告提交给你啊，你会严格地确认报告中的内容是否存在，要是我们答不上来，经常会受到非常严厉的批评。所以啊，为了万无一失，我们就事先做了各方面的确认，才向你提交资料，而你呢？反过来只是简单地听一听我们的说明，就不再提问题，反而让我们觉得很没有成就感。"

作为领导，让下属匆匆忙忙地提交资料，下属就不会对内容反复地进行核实，然后将资料战战兢兢地提交给我，通常都会受到很严厉的批评。如果他们仔仔细细、反反复复地看过，确认没有问题了再拿过来，我一般连问都不问就通过了。

在企业管理过程中，有责任感的领导，如果重视贯彻这种完美主义的原则，下属就会很敏锐地注意到日常的管理资料中是否存在前后逻辑不符、关系不清、相互无钩稽的一些问题，自然地就养成了追求完美的习惯。

所以无论是下面汇报资料的人，还是上面进行审批的人，对追求完美的这种努力都不可或缺。为了使完美主义理念渗透到公司的各部门，并且成为习惯，自上而下地追求完美的态度是必不可少的。

三、现金为王

老板学财务，就应该让各位老板回归财务的原点，关注最重要的东西——现金，并且以现金为基础进行正确的判断。

思考的原点——现金

作为一个智力正常的人，事实上，像财务收支这样的工作并不需要多么高深的会计学知识，人人都可以自然领会。生产多少产品卖给客户，然后收到多少钱，再算算支付多少费用，剩下的就是利润。利润就是支付所有费用后剩下的钱，相信每个人都明白这一点。

如果追溯会计的发展历史，它可以说是产生于中世纪的意大利商人在地中海的贸易。一次航海结束以后，从收入当中扣除所有的费用，然后就把剩下的利润进行分配。可以说现金的收支计算也就是盈亏的计算。但是到了现代社会，就需要把这种连续的商业活动以年度为单位区分开来，每年结算一次。

在现代会计中，当收入和支出事实上发生的时候，就有了收益和费用，比如说把货物卖出去，钱还没收进来，但按照会计的要求，就要确认收入。或者采购了一批原材料，货款还没支付出去，但是根据会计制度要求，就需要确认购进原材料的成本，并且以这样的一种方法来计算一年的利润，这是权责发生制的会计处理原则。但按照这种方法就会出现一个问题，收支钱款的时间和确认收益、确认费用的时间是不相吻合的，最后的结果就会导致利润表上面所显示的盈亏数字和实际的现金流动脱节。所以对于很多老板来讲，财务就变成非常难以理解的事情。

赚的钱去哪儿啦

对于大多数的老板来讲，实际上没有太多时间坐下来静静地学习财务知识。对于绝大多数人而言，随着企业规模的扩张，交易变得越来越复杂，财务核算的内容也就越来越难以把握。所以一般都是到了月末或者是下个月月初，财务把报表做出来，听完财务人员解释一些会计数据以后，老板才知道公司赚了多少钱。

可能这种情况在广大中小民营企业里面比较普遍，所以一般都会出现这样的场景：老板拿到了财务给的报表，然后就问财务负责人："我们这个月赚了多少钱啊？"财务负责人说："我们这个月赚了100万元。"那老板就会接着问："那我们赚的钱到哪去了？"财务负责人就会说："这100万元有多少变成了应收账款，有多少变成了库存的材料，有多少变成机器设备。"实际上，他并不能简单明了地直接告诉老板赚的钱去哪了。如果老板问："从利润里面分点红利，公司有没有分红的钱？"财务负责人只能老实地回答："对不起，公司真的没钱，如果要分红，那只能从银行贷款。"

老板就会觉得很奇怪，公司赚钱了，但是想要分红的话，还要找银行去贷款？一家企业辛辛苦苦赚来的利润，但是这些利润却变成应收账款的增加、库存的增加，然后再还贷款，结果钱就没了，甚至都没有钱去投资新的机器设备。

所以，作为创业者和老板，一定要清楚赚来的钱去哪儿了，以什么样的形式存在，他们就要学会看基本的资产负债表，为了了解利润和赚来的钱也就是现金之间的一个增减关系，必须学会去看现金流量表。

是资产，还是费用

将资产和费用区分对待，从现金流动当中脱离出来，现代会计系统才发展起来，但归根结底，经营仍然需要回到原点，就是要在现金的基础上来进行思考，所以前文谈到了利润和现金的关系。

在利润和现金之间这种纠缠不清的关系中，一个最常见的例子是：假如公司买了某件东西，究竟是把这东西作为资产来计价呢，还是作为费用来处理？这对生产经营来说有很大的区别。举个非常简单的练摊的例子：小红从批发市场进了一批衣服，在火车站前叫卖。为了把这批衣服卖出去，还必须买一些专门用来装衣服的箱子，这些箱子花了300元，之后需要把衣服摆在地上，就又花了100元买了布和衣架，后来要进行一点小小的促销手段，花了100元买了助拍器。就这样，一个很简单的练摊生意的销售工具总算搞齐了。

假设从批发市场购买衣服，一件衣服50元，小红买了20件。每件衣服假设卖 150 元，这样每卖一件衣服赚 100 元。如果运气还不错，卖到夜里十一二点，终于把所有衣服都卖掉了。整个晚上的销售额是 3 000元，进货的成本是 1 000 元。按道理，应该是赚了 2 000 元，但是结账时发现好像并没有那么多钱，因为买箱子花了 300 元，买布、买衣架花了 100 元，买助拍器花了 100 元，总共为了要购买这些销售工具花了 500 元，所以手里面剩下来的现金只有 1 500 元。

这时，税务局的人来了，说：对不起，你今天赚了 2 000 元，就算25%的所得税税率吧，那就要交 500 元的所得税。你就会觉得很奇怪，只赚了 1 500 元现金，为什么要按照 2 000 元来计算税率呢？税务局的人会说：这些箱子、布、衣架、助拍器都是资产，所以这些资产是不能作为费用来抵扣税款的，按照税法计算利润就是赚了 2 000 元，所以按25%的所得税率，要交 500 元的税。那么对于税务局所说的这样一些箱子也好，衣架也好，助拍器也好，如果明天还继续练摊，那可以把它看作资产。但小红做了一天生意以后觉得筋疲力尽，认为这生意没啥意思，明天就不准备练摊了。这时，这些箱子、布、助拍器就完全没有了用处。

买进来的这些物品究竟作为资产还是作为费用，对生产经营有很大的区别，不管财务部的人员提供的财务报表上显示赚了多少的利润，到头来能够使用的只有手上的现金。所以老板必须清楚地掌握赚来的钱在什么地方，以什么样的形式存在，这才是经营管理最基本的东西。

在财务人员制作财务报表过程中，对各种不同交易事项的评价和判断，会对最后利润的形成有很大的影响。比如，在对库存进行计价的时候，究竟是采用先进先出法计价，还是加权平均法计价都会对利润有很大的影响。但是，手上的现金却是可以确切掌握的。作为老板，如果不能够随时掌握自己手上可以自由支配的现金，那么在面对快速变化的经营环境时就没办法掌好企业的舵。因此，不能根据经过各种会计程序计算出来的那种纸面上的利润作为企业生产经营的基础，而是要根据手上实实在在的现金作为执掌企业的基础。当然，计算利润也很重要，因为它体现了一家企业的经营成果，而且很重要的一点就在给股东分红的时候，要根据会计所计算出来的利润进行分配，所以老板也不能忽视对利润的结算。

总之，要尽量消除会计上计算所得的利润和手头上现金的差异。老板学财务的一个基本原则就是不止从会计的利润出发，更要从手头上的现金对企业的经营管理进行思考，要把以现金为基础的经营原则放在中心位置上。

提升自有资本率才是经营

在当前的经济环境下，很多企业把货物卖出去之后，客户只给一堆银行的承兑汇票。老板拿到银行承兑汇票以后，就着急到处去筹款，想着到处去贴现，然后贴完现后，又觉得自己经营得还不错，自己还有点儿本事。只在小圈子里打转，不肯稳中求进，没有高瞻远瞩的视野，自然也无长远的打算。比如骑自行车一定要有一定的速度，但是又不能一停一放，这种一停一放就不是真正意义上的经营，充其量是亏本经营，好的情况下只能是做到不盈不亏。

松下幸之助有一种经营哲学，叫作水库式经营。松下幸之助曾说，企业经营就要像修筑水库一样，能够使河流保持一定的水流量，在推进企业前行时候也是同样道理，要留有余地。他这种水库式经营理念提出来以后，有人就说："松下先生，那你具体说说怎样的经营方式才算是留有余地呢?"松下幸之助说："具体的我也不知道，但是我们在管理上一定要有这样的理念，就是经营的时候要留有余地，你必须要朝着这个方向去想。"每个创业者在创业的时候，当然首先内心要有强烈的愿望，如果想做了，就一定要把它做成，但凡有稍微一点消极的想法，那么创业就大概率会失败。这种观念就是要在战略上藐视困难，但是在战术上面却要重视困难，就像水库式经营一样，不能等到企业面临资金崩溃时才会考虑现金问题，而是在企业还有回旋余地的时候，就要竭尽全力地用以现金为基础的原则进行思考。这句话用到财务上，就是一定要早规划，早努力，不要到头来整天就为筹钱的事情担心。应该说整天为钱发愁的人是做不好工作的。

对于企业来讲，要争取做到无债经营，但是很多的金融学、财务管理的教程告诉管理者：靠银行贷款来快速扩张也不失为一个好办法，但是现在看到的是企业面临还贷难的情况。常言道，银行就是一些晴天借伞给人，雨天反而收伞的“家伙”。虽然银行看上去很管用，如果银行收不回贷款，自己的经营也难以为继。所以下雨天借来了伞要被银行收回去是理所应当的。对企业来讲，在任何时候都能够做到凭借自己的实力就不会被雨淋到。但其实在这样一个日新月异的时代，企业需要投入庞大的预算资金用于研究开发、设备投入，还要保障员工的生活，给股东一定的回报。如果缺乏充足的资金，就会被这些经营要求搞得焦头烂额，也没有精力为将来从容筹划。因此，为了达到这样的目的，企业必须具备充裕的自有资金。

企业除了积累雄厚的内部留存收益以外，没什么别的很好的办法。而提高企业自有资本的比例，是衡量一家企业稳定性的重要指标。目前，中国的企业大多数都是选择银行借贷的方式来经营。所以企业没有钱的时候首先考虑是向银行贷款，如前文所述的财务管理金融学的数据已经告诉我们，获利以后要交税、要分红，贷款产生的利息反而可以抵免企业所得税，这种做法的好处是很多的，但是用借贷的方式筹措资金，会直接受到宏观政策的影响，受到经济周期的影响，受到市场利率资金的供求关系变动的影响，这些影响会使老板看到一个好的商业机会时发现手上没有现金流。这时如果拉不到贷款，会导致商业机会稍纵即逝。而且向银行贷款时，企业还必须做好还款计划，因为还款的时候，不但要还利息，还要还本金。

给大家分享一个做好还款计划的秘诀：偿还借贷资金实际上只有两个来源：一个就是税后利润；另一个就是在税前利润上作为费用列支，但是没有作为现金流出的一些费用，主要是折旧。如果要安全地经营一个企业，老板在决定投资的时候，就应该在税后利润加上折旧的范围内来进行投资，但是很多时候中国的企业看到一个好的商业机会，老板头脑一热，钱就花出去了，投资的能力远远超过了自己的还款能力。当经营周期出现意外情况的时候，企业的资金链条绷得太紧，就会断裂。

所以这里得出一个结论就是：必须提高企业的自有资本比例，在不断积累自有资金的基础上实现以现金为基础的经营原则。这样的企业，这样的经营原则，才是企业经营的长久之道。

账面盈利，手中缺钱

现代会计系统是在权责发生制的基础上发展起来的，这种权责发生制本身就会使财务工作变得非常的烦琐复杂。由此计算出来的利润和现金余额是不能够马上对应的，所以现金流的概念在财务管理中非常重要。

在对企业进行价值评估时就不是用利润这个指标，更普遍的方法是用未来创造现金的能力对企业进行评估，也就是说，是把未来创造现金的能力折现到现在这个时点，然后计算出企业价值，这种方法在专业人士当中已经成为共识。现在我国的《企业会计准则》已经明确规定，要把现金流量表、资产负债表、利润表等量齐观，是构成正式财务报表的一部分，写在年报里。

对于创业者和老板来说，应该双手欢迎这种趋势。这样的现金流是按照权责发生制计算出的利润，通过调整折旧费用等不涉及现金流变动的项目以后计算出来的。通过这样的方式，就把生产经营所产生的现金和利润直接挂钩。企业经常账面盈利实则缺钱的这一事实说明了以现金为基础来经营企业的重要性。每个年度结算以后，虽然账上有利润，但是实际上资金不足，资金周转困难，这样的企业真的很多。这就是不以现金为基础而是以利润为基础来经营企业所产生的一个恶果。

因此，认为账面上有多少利润就应该有多少现金，这种观点是外行人的看法。从最本质的意义上来讲，从企业活动中获得的利润是现金最主要的来源，传统的财务人员，如果给老板所提交的财务报表，只计算出一个与现金完全脱离的会计利润数值的话，那么财务人员所做的工作对老板来讲毫无价值。在生产经营中，这种财务报表起不到任何的作用。每个老板都要时时刻刻想着一个财务理念：企业赚到的钱去哪儿了？在每次看到财务报表的时候，都要在内心追问这个重要的问题。

四、减少囤货

如果大家把企业和人的身体进行比较就会发现，当代人已经越来越注意身体健康了。为了提高生活品质，延长生命周期，要随时进行适当的运动。通过运动，降低脂肪含量，让肌肉随时都保持活力。所以对于创业者和老板说，也需要建立一家完全没有赘肉的肌肉企业。但是很不幸的是，很多创业者和企业家在创业初期乃至公司有一点儿钱的时候，为了让公司给客户留下更好的印象，换句话说，可能为了在公众面前树立起一个比较好的公司形象，就会追求更好的地段、租更好的写字楼，甚至花钱买一些甲级写字楼，并且购置一些好车。事实上这种做法只会给企业带来完全没有必要的负担。

用好二手货

我们每一个人实际上或多或少都想给别人留下好印象，这是虚荣心作怪，而很多企业就只顾着去装饰外表，生长成一个充满赘肉的大胖子。如果真的想建立一家强壮健康的企业，创业者和老板就必须要有坚定的意志去抵御这种虚荣心作祟。

那么怎样才能够建立一家真正具有肌肉感的企业呢？首先要用好二手货。比如，像我手上的这部 iPhone 6（苹果手机），虽然现在苹果公司已推出 iPhone 12，但是我并没有觉得我这部手机有什么不好用的地方。iPhone 这样三四五六七的产品迭代策略，往往会给消费者产生影响：如果你不追着 iPhone 的脚步更换手机，就会觉得自己被潮流抛弃了，并且认为这款手机已经不能够满足自己的需求了。实际上仔细思考后，虽然现在 iOS（苹果操作系统）要推出 iOS 14 的系统，但是用 iPhone 6 系统仍然没有卡顿，速度也快，完全没有必要赶时髦去购买最新款手机。

类似地，像现在的二手车，只要是合资品牌以上的二手车，开个十年二十年是完全没问题的，而购买二手车的价格和一手车的价格相比，那真是不可同日而语。所以在企业创立之初，创业者就要从最基本、最细小的部分着眼，来遏制我们企业的赘肉生长。比如说像办公桌椅完全就可以不买全新的，可以去二手商品市场购买性价比更高的家具。

这时，二手货的价格可能只是一手货的五分之一，乃至于十分之一，与此相类似的，机器设备也是如此。对于技术人员来讲的话，他们肯定需要购买一些更新的设备。当我去美国考察时，看到美国同行的车间里面整齐地排列着最新的机床、最新的机器人。在惊讶美国制造业先进的同时，我就问了一个问题："这个设备多少钱？"结果他说出了让我目瞪口呆的价格，尽管我们自己机器设备的生产能力可能只是这些设备生产能力的一半。

从设备的投资额角度来讲，我们设备的价格可能只是美国的几十分之一，虽然他的生产能力是我们的两倍，但是从投资回报率的角度来看，我们现有的这种设备实际上远远胜过了我们购置新设备所带来的回报。但一般人都不会这样精打细算。当看到最新的机器时，机器工作起来那么流畅，很多人肯定忍不住想：要是我们也能够拥有这样的机器设备，能够追上别人的生产效率，那整个生产能力肯定会提高很多，这会给我们带来一种难以遏制的满足感。

但实际上，这种做法并不一定会让经营效率有所提高，在这样贪慕虚荣的心理下进行一些过剩的设备投资，反而可能削弱企业的经营体制，并且无法有效地利用经营资源。

及时清理库存

俗话说每个女人都会觉得自己的衣柜还少一个包包。我反思我自己，我也会犯这样的错误，在书店里看到好书就很想把这本书买下来，但是回家一看，发现自己买了很多书，还有很多买来的书没有看完。如果每一个人都给家庭做一个盘点，就会发现会有很多的衣服、鞋子、包包、书籍、食品等买来之后并没有使用。个人管理如此，家庭管理如此，企业管理也是如此。

在我国的很多制造企业中，因为都是采用贴牌生产的，按照客户的订单生产产品。比如说客户给了一家企业 1 000 个订单，但是企业考虑到原材料的利用率，以及如果要追加订货整个工业的交货期的问题，可能就会生产 1 100 个。把 1 000 个产品交付给客户，剩下的 100 个就留在企业的仓库里。那么如果每个产品是 100 元，100 个产品就是 1 万元。这时财务记录里面就会记录这一笔 1 万元的库存。实际上，如果客户不再做这个传统产品，那么企业为其贴牌生产所做的库存就毫无价值。但是财务账上仍然存在这批库存，并且把它视为资产进行处理，但实际上它已经没有价值，所以把多出来的 100 个产品作为资产来看待完全不符合企业的价值。

相类似地，比如说某些企业未做好市场调查，盲目加大生产，直接把产品销售到终端，生产出来的产品到了销售终端之后无法产生销售，造成库存积压。现在很多品牌企业都有库存积压的问题，很多企业已经被这种库存积压折磨得焦头烂额，怎么来处理这些库存呢，除了要及时进行打折促销之外，还要找到问题的根源：是市场萎缩消化不了这么多的产品，还是老板和经营者决策失误，抑或是工艺落后，无法生产符合消费者需求的产品等，只有找到原因 ，才好对症下药。

到底是什么管理手段、管理程序呢？实际上就是盘点。我们企业库存的盘点一般都不是由老板亲自去做，而是由仓储部门和财务部门负责。他们去盘点的时候，只会看一看这个货物到底在不在。这样一来，盘点就必然会出现这样的结果：长期库存积压的东西，今后估计也卖不出去的，就在企业的仓库里面尘封起来，并且被一而再、再而三地进行盘点。如果把这些已经没有价值的货物作为资产来看待，而不及时把库存清理掉，会导致公司报表上的利润看起来没有受到影响，而且还不需要去交一些不必要的税。但实际上这会导致资金利用效率变得更低，资产周转率变慢。

从这个意义上来讲，盘点不应只是交给仓储部门和财务部门负责，应该由老板和高层管理人员亲自去盘点，亲自去仓库里面检查货物，用手去摸这些货物，并且立马下达指示处理卖不掉的库存商品，这种做法对健全经营管理是非常重要的。

虽然每一个人开始的时候都赞成把这些不良资产处理掉，但是一旦快要做财务结算的时候，就会想着，“怎么可以把事业部的业绩做得好看一点啊，怎么把公司的报表做得更漂亮一点”，这时候难免会有把卖不出去的东西也视为正常货物的冲动，继续放在财务账簿上。这种有意无意地粉饰报表、提升绩效考核指标的行为，只考虑企业和个人声誉的做法，最终会让自己输给前面谈到的要美化业绩的诱惑。

所以，创业者和老板一定要以坚定的心建立起自律且面对现实的经营哲学。

警惕固定成本的增加

中国有句俗语叫作“船小好掉头”。什么叫作“船小”，其实“船小”并不是简单指企业的营业额规模小。“船小”的本质是什么呢？是指一个企业其固定成本占总成本的比例非常小，企业的主要成本都是变动成本，如果收入不增加，成本就不会发生。对于这种固定成本很小、变动成本很高的企业，它的经营策略就会变得非常灵活，可以适应现在高速变化的时代。

在财务管理中，都有一个名言或者是定律——固定成本会给企业带来经营风险，而资金借贷产生的利息成本会给企业带来财务风险。所以在日常经营管理中，应时时刻刻警惕固定成本的增加。那么，固定成本主要是由什么构成的？主要是固定资产的投资，包括机器设备、厂房、办公楼的投资；还有人员工资也占固定成本中比较大的一部分。随着企业员工的增加，特别是一些非生产性部门，很容易不知不觉就增加了人手，这就会导致固定成本大幅度增加。人们在谈到成本控制的时候就会把目光放在怎么降低材料采购成本上，实际上还需要重点关注固定成本的降低，这样才能够提高整个企业的利润率。随着企业固定成本的降低，就可以降低企业的盈亏平衡点，实现利润倍增。

就如前面所谈到的，在美国考察的时候，发现美国人用大量先进的、高产的机器设备，我们自己的机器设备的购买价格可能只是美国同行的几十分之一。在这种情况下，我们的固定成本就很少，再加上美国的人工成本也比我们高，虽然我们设备的生产能力只有美国企业的一半，但是我们生产的产品也能够和美国抗衡。有的老板很容易想到引进世界上最先进的设备，以为不这样做企业就不具备竞争力。其实恰恰相反，由于购买了最新的设备，导致固定成本大幅度增加，反而会削弱企业的竞争优势。

对于这一点，创业者和老板要有充分的认识，无论是在设备投资方面，还是在员工数量方面，作为管理者，都必须警惕这两方面所导致的固定费用的增加。

但是常常会出现一种情况，老板往往认为自己非常努力地工作，积极进取，但对公司管理进行复盘之后，会发现企业的固定成本已经高到一种难以置信的地步。老板经常会自以为采用了不断向前看的管理策略，实际上反而削弱了企业的竞争力，这种例子可以说是不胜枚举。如果不有意识地控制固定成本的增加，有意识地降低固定成本，很容易导致企业体制的恶化。

在实际经营管理过程中，员工可能不会充分地理解固定成本增加给企业带来的负面影响。对员工来讲，大家肯定更希望在更好的办公楼里办公，用更先进的机器设备生产产品。企业采取控制固定成本的管理策略很容易使员工士气低落，阻碍生产效率的提高。

作为企业家，一定要和员工充分沟通，让员工充分理解：降低固定成本反而会使企业变得更为强大，这是把事业进一步做大必须付出的努力和代价。

即用即买，不囤货

马云在某次演讲中提出阿里巴巴上市以后营业收入要比上一年度翻

一番。马云提出这个目标后，下面的人就和他说：“如果收入要翻一番，那人手就得增加，销售费用就要增加，所以我们应该赶紧招人。”马云说：“人不能多招，而且人手还要在上一年的基础上有所下降。”最后，阿里巴巴营业收入翻一番的目标完成后，人手和销售费用并没有同比增加。

看完了马云对阿里巴巴的案例介绍，让人深有同感。在做预算或年度计划的时候，很多人会想到，如果销售额比上一年度增加百分之几，那当然就需要增加人手。销售额要增加当然就要开新的门店了，销售费用，当然也就会增加了，因此就有必要增加费用预算。但是实际上做完预算以后，经常会发现最后的结果却是人手增加了，分店增加了，销售费用增加了，但是营业额没有增加。所以，即使费用预算得到严格执行，但是销售收入不按照预期增加，这种预算制度对管理有没有什么太大的价值呢?

因此在采购管理的时候，要降低成本费用。一个经常被提到的说法是：在采购的时候，如果要降低采购成本，需要增加采购的数量，否则供应商不会把价格降下来。企业为了贪图采购价格便宜，往往会过量采购。相信大家都有这样的生活体验：去肯德基、麦当劳吃饭的时候，经常会看到这样的促销手段：第二杯饮料半价。很多人为了贪图第二杯饮料半价就会多买一杯饮料，甚至在各种饮料售卖的商业模式里：小杯10元，中杯12元，大杯14元。很多人一想，不就是贵了2元吗，所以原本只想买个小杯的，结果就买成中杯了。

这种看似大批量的采购，看上去价格可以更便宜，但其实不然，正确的做法应该是什么？需要多少就采购多少，这叫即用即买原则。采用即用即买原则，买的只是所需要的部分，看上去是买贵了，就第二杯半价来说，很多人喝水只喝得了一杯，所以只需要买一杯。由于企业只买了一份，那员工在使用的时候就更加小心，因为没有多余的物资，也就不需要有更多的仓储库存管理，也就不用为了增加库存而支付银行的贷款利息，最后整体算下来，实际上这种方式更经济。

所以，即用即买、坚决不买多余物资的原则，应该作为企业经营管理的一个铁律，把它传承下去。

五、权责发生制

在财务学里面，除了秉持“现金为王”的经营原则以外，还应重视权责发生制原则。权责发生制原则不仅是一个会计处理的基本方法，同时它也在规范企业和员工的行为，对前面所谈到的透明经营至关重要。

提高企业道德，确保数据准确

什么是权责发生制原则呢？简单来说，就是在生产经营过程中所发生的钱、物、票据和会计处理要一一对应。用学术语言来讲，所谓权责就是当拥有了一个向别人收钱的权利的时候，就要确认为收入；当承担了一个向别人付钱的责任的时候，就要确认为成本。对应该在当期确认的收入，无论款项是否收到，都应确认为当期的收入，反之对于在当期应该承担的成本，无论款项是否支付，都应该确认为成本。这样的钱、物、票据和会计处理一一对应的原则看上去理所应当，但实际操作过程中，因为种种原因实际上经常做不到。比如，中小民企为了少交税款，采取的方法可能有三种：第一种就是把大量的收入做在账外，财务上叫作见票做账，有发票的收入才做在账上，没发票就不做，成本也是如此。第二种为了要少交增值税，到了期末可能就会从外面买一些发票，然后把这个发票做在账上，这些发票就会以库存购进的方式登在账上，而以库存购进所对应的款项又无法支付出去，导致账上存有大量的应付款，长期挂账无法处理。第三种，很多货物购进来的时候，由于没有付款，发票也就没有开，所以财务上也不做账务处理；反之当产品卖出去的时候，客人已经把产品拿走，但是因为款项没收到也就没开发票，也不做账务处理。主要基于这三种原因就导致中小企业的财务账简直没法看，所以老板基本不看报表，也基本不看账。长此以往，就导致中小企业的财务工作对企业没有价值，财务不受重视，导致财务管理也形同虚设。

那么和广大的中小企业相对应的大型的外资企业、上市公司、国有企业，又会碰到什么样的情况呢？到了年末，公司业绩如果看起来差了一点，CEO（首席执行官）和 CFO（首席财务官）两个人就会躲在会议室里面，折腾半天做出一个数字目标来，这时候 CEO 就会把销售总监叫过来，说你去跟经销商张总打个电话。CEO 交代完，销售总监就会一个电话打给张总，说：“张总，今年的业绩完成情况还是不太理想，需要您多支持我们的工作。这样吧，过两天我们会开出一张发票，这张发票我们承诺到了明年可以把这些货物做销售退回处理，拜托了，拜托了。”所以在业绩不好的时候，虚报销售额开出虚假发票，这种做法也非常普遍。

这种事情哪怕只发生一次，也会麻痹员工的神经，认为财务就是数字。所以有一次在中央电视台财经频道的《对话》栏目里面，招商局的前任董事长秦晓就谈到一到年底，一些二级集团的老总打电话问他："老板，今年的绩效考核指标定下来吗？定下来之后我好让财务去调账了。"长此以往，公司员工就认为这些经营数字也好，财务管理也好，都是可以操作的，导致公司的管理形同虚设，令整个组织的道德水平大幅下降。如果数字变成随随便便的东西，那就没有员工会认真工作，这样的公司也不会有前途。

权责发生制的原则，就意味着要实时记录所发生的所有交易，实现管理的透明化。公司内部如果可以贯彻这种权责发生制的原则，就不会有人去故意捏造数字，也就不会有货物已经收到但是不做账务的情况，更不会有货物已经卖了还不做账务的情况。这样一旦货品、资金发生流动，就一定会有相应的票据产生，会有相应的会计处理方式，这样财务核算出来的数字才能够如实地反映经营状况。

权责发生制除了能够使财务工作的价值真正体现出来以外，还可以规范企业和员工的行为。坚持权责发生制，就是要建立起一个不能含糊其词、欺上瞒下的透明系统，可以防止违规，提高公司内部的道德水准，加强员工对公司的信心。

所以，当我们把一张张票据积累起来，就形成了整个公司的整体数据。在这个整体数据趋势上形成财务报告，就能够如实地反映公司的情况。虽然看上去这是一个非常简单原始的做法，但是如果可以贯彻这个做法，就能够在提高企业的管理文化水平的同时，保证所有数据都是可信的。

盈利如过山车般大幅波动

我们下面有个工厂是做代工的，专门给美国客户贴牌生产产品。有一次，我到厂里面去检查，查看了厂里的报表，我发现一个问题：怎么每个月的报表像过山车一样的大起大落，上个月还是亏损的，这个月变成盈利。然后我就把财务部部长叫过来，说：“李部长，你解释解释这个财务报表为什么会出现像过山车的这种情况啊！”他说：“我们都是按照公司的规定来进行核算的。”我说：“不会吧，我看你这个会计核算估计没有按照我们公司规定的 SOP（Standard Operating Procedure，即标准作业程序，以下简称 SOP）会计账务处理程序来进行处理，这样，你把这个资料再拿回去看看。”他看了以后果然发现，工厂并不是按照

SOP会计账务处理程序进行账务处理的，他做账的时候并没有按照权责发生制的要求进行核算。

原因是我们这个代工的工厂的材料从美国通过航空快递发到中国，到了中国的机场以后，第三方物流公司就快速地卸货通关，然后就送到工厂里面，快速组装后再销售出去。在这个过程中，由于我们和美国企业之间是用信用证结算，美国企业的单据通过银行一般要推迟一两个星期才能到中国，所以我们的工厂收到货以后并没有马上确认货物的购进，及时地进行账务处理，但是要间隔一两个星期，等到美国企业的单据传递过来以后才进行账务处理。在此期间，这些货物已经在生产过程当中组装完成销售出去，这时已经产生了销售收入，但是相应的销售成本没有相应地产生，所以就产生了盈利。到了下个月，美国企业的单据送来才做存货的入库的处理，结转成本，这又导致下个月的成本又比当月的收入高，所以就会出现亏损。

这种盈利的变动，就是因为没有严格地按照权责发生制处理账务，我立马指示这个财务部部长，以后不要提什么理由，遇到货物收到、发票未到这种情况，一定要用会计术语进行暂估入账，这种要求是因为已经收到货了，这时企业已经欠供应商的钱了，必须把欠其他企业债务的责任在会计账簿上及时地反映出来，这样才符合权责发生制要求。如果由于货物的购进、单据、账务处理没有一一对应，没有及时地处理，那就会导致盈利和销售业绩之间没有联系，每个月都会反复波动。无论财务人员怎么样拼命工作，由于没有按照权责发生制进行账务处理，使管理者用错误的数字进行判断，导致整个公司的经营方向偏离正常轨道。

钱、货、票、账一一对应

在大型制造业企业里，比如大型的制造企业，大多会采用事业部体制。以前每个事业部会向它的供应商采购货品，但是资金的支付权限都会集中在总部的财务部，统一由总部的财务部把货款支付给供应商。

有一次，下属公司财务部的同志把一张付款的报销单据交给我来签批。单据上显示需要付款 500 万元人民币给供应商。我一看，这数字怎么会是整数呢？明显有违常理，因为一般的日常采购的货款肯定都是有尾数的。财务部的同志跟我解释，因为在和供应商商量的过程中，供应商提出来先付给他 500 万元，接着我就问财务部的同志，这 500 万元付给这家供应商，那这笔钱所对应的库存是 a 事业部还是 b 事业部，具体对应的是 a 事业部或 b 事业部的哪一笔应付账款？财务部的同志就跟我说这个具体对应不了哪一笔款项，就先答应付给他们500万元。我说这不行，做财务处理必须要求货物、资金、票据、账务处理是一一对应的，如果不是这样，现在贸然付出一笔钱，那么这笔钱就没办法对应究竟是哪一笔应付账款，导致整个财务数据就完全是混乱的，所以不可以仅仅以一个含糊的500万元来进行粗略的对冲。在货物购进的时候，要和供应商，还有事业部把它一一对应起来，付款的时候也是如此。那么应收账款应该怎么操作？收取客户的钱究竟是放到哪个事业部的账户上？无论是付款还是收款，都要做到把货物、钱款、单据、账务处理一一对应，否则企业就不可能提供值得信赖的财务数据。

恶之花

前文谈到权责发生制，在企业管理的每一个节点做账时要做到钱、货、票都一一对应。所以在货物出库，开出货单的同时，要把它作为赊销信息管理确认为应收账款。销售部和财务部要跟进收款，但是在企业经营过程中，可能经常碰到这种情况，客户总是说："哎呀！我们正急着呢，等着你们产品用啊，真是十万火急，务必请业务员把产品送过去。"虽然制度规定必须要做到钱、货、票的对应，但是客户的一句十万火急就把业务员调动起来，匆匆忙忙就把货物送出去了。日常工作中这样的情况很常见，很多人认为手续过两天再补也来得及。但是很有可能出现的结果是：因为大家工作繁忙，到了月底出货的人才想起来上次的货，有没有确认为收入？这时业务员再重新找客户，客户也忘了那批货被发到哪里去了，没办法确认收入会导致开不出发票、收不到钱。这种情况在工作当中非常常见，特别和销售有关的环节。所以，在经营管理中既要满足客户的需求，又要正确地进行会计处理。这就要求企业必须建立一套管理系统，无论出现什么情况，都必须能做到钱、货、票一一对应，否则，就不应提前发货。按照钱、货、票一一对应的原则处理相应的业务往来看似简单，对一家企业而言，却十分重要，这么做可以保持企业体制的健全及运营的顺畅。而这么多年以来，有那么多企业发生了财务上的问题，就是因为没有贯彻以权责发生制做账的原则产生的严重后果。

六、职责分离、交互稽核

企业的竞争优势究竟是什么？企业的竞争优势是拥有先进的机器设备吗？还是拥有核心技术？还是在某个城市的 CBD 有一个非常漂亮的

办公室？但是这些都不该算是企业的竞争优势，因为无论是机械设备也好，技术也好，办公室也好，它本身都不可能创造价值，而要让这些设备、技术、办公室创造价值，就需要进行有效管理，所以企业的经营优势的根本就在于企业要有一个高素质的经营团队和一群优秀的员工。

领导严于律己并关心爱护员工

所以在高素质经营团队里，最应该重视的就是人心。因为人心是最善变最不可靠的。但反过来讲，最可靠的也是人心。人类历史上那么多伟大的公司，它一定是建立在一群志同道合的精英团队的基础上的，这些精英团队的成员相互信任，相互激励，相互约束，最终造就了一个伟大的公司。所以人心既会带来十分强大的力量，又可能因一念之差犯错误。

中国有很多的企业，它的竞争优势并不是建立在人心的基础上，如果一个创业者和老板，把企业的竞争优势建立在人心的基础上，那就有必要为员工着想，保护他们不会因为人性的弱点而犯错。因此必须建立起一套完善的内部控制制度，而这套完善的内部控制制度里，最基础的或者说最重要的就是职责分离并有完善的交互稽核制度。建立这种职责分离交互稽核制度的动机，并不是因为我们不相信人，或者说是以人性本恶作为设计制度的前提。这样的制度反而体现让员工不轻易犯错是对员工最大的关爱这种理念。因为即使是一个工作很认真的人，有时候也可能一时糊涂，挪用了销售款，以为随后还上就可以了，但往往都是在不知不觉中，这些钱就还不上了。所以在管理制度上应该正确教育并引导员工，避免出现这种因为疏忽而造成的犯罪。

在《论语·述而》这一章，子张问孔子：“何谓四恶?”孔子曰：“不教而杀，谓之虐。”如果不教化我们的同志，而是等到出了问题之后只会一味地责怪，这种就是孔子认为的“恶”。同样的道理，在《荀子》里面也谈到，如果“不教而诛，则刑繁而邪不胜”。如果不对我们的同志进行教育，出了问题之后只是一味地责骂，则这种舞弊会变得防不胜防。但是这种多如牛毛的管理制度导致的结果是，这种情况还是层出不穷。所以，如果能够在制度上堵住漏洞，即使是因为一时的贪念，但有制度防范令人无法犯罪，这样的结果是完美的，既保护了企业，又保护了员工。这种保护机制越严格，对人来说就是越好的制度。所以为了不让我们的同志犯错，小到接收原材料，发送产品；大到对账款的催收，所有的管理系统都必须贯彻这个原则，不能为了方便每个管理者就让这套管理系统前后不统一，出现了一个小小的错误可能就会造成非常大的问题。

在企业管理中，库存管理、收入管理方面要求不严格，最后使财务系统失信于人，这样也使老板基本上不看财务人员所提交的报表，因为上面数据不真实、不完整，最后会使整个管理体系全部垮掉。作为经营者，首先要以身作则，严格财务制度。现在互联网的音视频节目，很多从业者会利用刷单这种方法，比如说提高粉丝数量来提高音视频的播放量，但通过刷单增加粉丝数量，增加音视频播放量，最终自己真实的粉丝量是多少也没有一个准确的数字，而音视频节目的真实播放量也没有真实的统计。经营企业也一样，如果财务数据不能真实地反映经营状况，企业管理者就会变成“睁眼瞎”，在企业处于关键经营节点时无法做出正确的经营决策，是会因小失大。

作为企业管理者，要执行一套内部控制制度，首先就要严格履行。也许有的人认为职责分离、交互稽核的制度只不过是发现问题、防止问题的一种技术性的方法。但实际上，这种看似很不起眼的管理手段反而可以帮助管理者建立起一套严格的体系。它的真正目的是创造一个可以珍惜员工的工作环境，让两人以上的团队或部门之间相互的监督、互相确认，使工作可以顺利推进。

正因为有了这套严格的管理体系，就可以防患于未然，在员工还未犯错时及时制止，同时还可以使工作氛围更加严谨。只有建立起这样一套管理经营体系，并且真正发挥其内部监控的作用，才能够让创业者和老板在更高层次上经营和管理企业。

开票和收付款绝对分离

公司的内部控制的制度，目的就想让我们的同志不要犯错，但是要做到这一点，重点就是要构筑一套职责分离、交互稽核的管理系统。这套管理系统不单只是保护财务人员，也是在公司所有的经营管理领域保护每一位同志，保持一家企业、一个组织健康的法宝。

让经营管理工作变得公开、透明，可以保护工作人员免受意外事件的影响，同时，也可以维护企业的声誉和整个组织体的健康。所以，这样的一套职责分离、交互稽核的机制，在任何情况下都要彻底执行，不可以放松。那么，在这个内部控制的体系中，有很多具体的管理方法，接下来，我就举些例子来说明一下职责分离、交互稽核的管理方法应该怎么使用。

首先，在管理资金的进出方面，管钱的人和开发票的人必须要分开。在民营企业中，特别是在一些中小的民营企业里面，老板会亲自去开发票，有的人还会把自己的钱拿出来供公司周转，或者把公司的钱随意支取供自己使用，这都是家常便饭。这样做，即使老板没有恶意，但是这样随心所欲的做法对企业的管理伤害很大，为了要防止这种情况的发生，开票的人和管钱的人必须要分开。无论是到银行存钱还是买原材料付款，或者是支付员工的工资、外来务工人员的劳务费，抑或者报销会议费、差旅费等，付款的人和开票的人也一定要分开。负责付款的人，首先要确认这个票据是否正确后才能支付，所以支付是以票据为基础的，不是根据自己的个人的喜好随心所欲地处理。

请款的人，需要正确填写请款单、费用报销单，并且要有附件资料，一并交给负责人进行审批。此外，收入会计负责记账，收款员不可兼任开票员，销售部门要提请开票员开具发票，开票员需要与收入会计和销售部门确认收入信息。

总而言之，开票人和管钱的人必须要分开，这个是职责分离、交互稽核里面最重要的一个原则。

现金和票据的联动和复核

前文谈到了负责资金收付款和开具发票这两个职位必须要绝对分离，并且可以做到交互稽核。下面讨论现金的处理问题。

在内部控制的前提下，现金处理必须做到每一天现金的余额和使用与现金相关的票据以及现金日记账的余额是一致的，这个要求是内部控制理应达到的目标。但是仅仅这样还不够，不单要确保余额是一致的，还要确保在交易的前后，在任何一个时间点上，现金和票据也要跟着一起变动，保证现金和票据两者之间也是一致的。

为了要达到这个目的，就必须在日常经营管理过程中定期由负责出纳工作以外的第三人来确认现金的余额和票据，由负责管钱以外的人，在现金流动状态下对现金和票据的一致性进行确认，那么出现问题就很容易找出原因，也反过来保护了出纳人员。

在日常经营管理过程中，出纳除了要负责现金的收支以外，还要有出纳以外的第三人，也就是会计，对票据进行及时的账务处理，同时财务经理要定期对现金进行盘点，并且要去复核出纳登记的现金日记账，和会计的账务处理是否是一致的。同时财务经理还要去复核会计人员每个月所编制的银行存款余额调节表是否是一致的。

通过出纳、会计和财务经理三个岗位的分离，把现金的收支、票据的记录和第三人对于现金和票据记录的复核进行交叉核对。如果可以把这个内部控制制度贯彻执行到位，那么，经常见到的一些现金舞弊的情况在企业中就会被完全杜绝。

公章管理的最后一公里

差不多每一个老板或者创业者都有这样的体会，公司成立以后，老板或创业者都忙于销售，忙于产品的研发、公司的运营管理，基本上不可能有太多的时间坐在办公室，所以公司的公章和财务专用章都不得不交给员工管理。

在这种情况下，印章保管人的品格和敬业程度就决定了公章使用是否安全。当然，人心是可变的，人总会带来不可测的风险。所以就必须有一套监管制度，规范公章管理。一般来讲，公章的内部控制必须建立起一套完整的手工登记制度，可以把需要盖公章的文书按照重要性分为两类：第一类，比如重要的合同，需要先交由老板或者法定代表人在合同上签字，这也代表着老板认可了合同，然后再授权盖章。最后经办人再把这个合同交给公章管理部门申请用印。

对不太重要的文书，用印申请人把文书拿到公章管理部门，由公章管理部门在公章的登记簿上签字认可后，再由公章管理部门另外一个人打开保险柜，然后当着用印部门的管理员和用印申请人的面盖章。但是这样一套即使是很完善的手工登记制度，相关人员还是要按公司制度的方式来解决这个问题。

在这里推荐用物联网的方式彻底解决印章管控最后一公里的难题，这是真正实现老板无死角管控印章的方法。印章管理系统，本质上就是利用物联网，即把以前的公章变成一个物联网的机器设备。这个机器设备与手机上的公章管理的 App（手机应用程序）进行连接，用章申请人需要在手机 App 上面提交申请，老板在 App 上授权，这样公章系统的设备才能在文书上实现盖章。之后设备再把盖章的结果通过 App 回传给老板，这样整个印章的使用过程就会被全程监控。

同时，物联网的公章系统还可以无缝地嵌入企业现有 OA 管理系统（Office Automation，办公自动化，以下简称 OA），这种方式彻底解决了公章管理最后一公里的难题。

请购与采购的分离稽核

在采购物品和服务的时候，更不能缺少职责分离和交互稽核的制度体系。在整个内部控制的采购管理中，应该坚决要求由具体提出采购需求的请购部门把自己的采购需求提交给负责采购的采购部门，由采购部门订货，必须要禁止由请购部门直接打电话联络供应商的行为。

那为什么在整个内部控制的采购管理过程中，要至少把这个采购链条分为两段，一段是请购，另一段是采购？原因就是，虽然请购部门也就是物资的使用部门具体掌握了物资的实际消耗情况，掌握物资的采购时机，但是由于这个部门日常工作和供应商打交道比较密切，为了防止物资使用部门和供应商相互勾结，就必须要把采购的权限分解到采购部门。

通过延长整个采购链条，没有一个人可以完全负责所有的采购业务，这时，就加大了供应商要搞定企业内部采购人员的难度，从而降低了日常经营过程中发生采购舞弊的概率。但是在日常经营过程中，可能经常会由于时间紧迫，作为管理者，在很多情况下会不自觉地破坏这套采购体系。

但是作为企业的高层管理人员，作为创业者和老板，一定要意识到公司建立起一套正规的采购体系，建立起这样职责分离、交互稽核的管理制度：一方面是为了选择更为优良的供应商，同时可以及时向供应商付款；另外一方面，也是为了防止发生与供应商相互勾结的舞弊事件。

将应收账款作为贷款来看待

销售部门的业务员除了要开发客户、签订合同、监督货物的发出，还有一个非常重要的职责就是要清收欠款，所以业务员对于赊销所产生的应收账款一定要跟进到底，直到将这些应收账款清收完毕，这是销售管理过程中的一个基本的原则。

那么销售经理或者是销售总监，就需要管理好销售部门的统计人员，要求他们及时把销售的余额明细表提交给业务员，然后督促他们按照合同的约定去催款。同时，要及时查明欠款的原因，并指示业务员及时解决。通常销售经理和销售总监不可能直接去收款，而是由业务员拿着发票和合同，去客户那里收钱。收到票据以后及时上交给财务部门，由财务部门到银行办理支票、汇票及时进账手续，这是财务部门对资金的收款进行集中管理的流程。

业务员要控制赊销所产生的应收账款，同时，销售经理或者是销售总监，还有财务部门要分别来管理应收账款的余额，然后监督业务员及时上门催款。而财务部门要负责将应收账款的回款及时转入公司的银行账户。为了确保应收账款能够及时足额地得到清收，企业内部就需要定期召开信贷会议。信贷会议为什么叫信贷？主要是来源于银行的授信管理，而相比银行对自己提供贷款所做的授信管理，企业内部在看待应收账款的时候，实际上也应该把它视为借给客户的一笔钱，所以也需要像银行一样的把借款提到非常高的高度进行管理。

因此，企业内部需要每周召开信贷会议，在信贷会议上关注每一笔应收账款的欠收情况，同时为了让应收账款及时清收回来，还有很多细致的工作需要做得更到位，比如当应收账款按照合同的约定到了收款期以后，就应该有业务员亲自上门去催收，如果应收账款超过收款期 30 天还没有收回来，就要由销售经理或者是销售总监亲自上门催收。如果过了 60 天还没有收回来，就应该由财务经理亲自上门催收。如果过了 90 天还没有收回来，就应该由公司的律师发出律师函，必要时提起民事诉讼。只有把这个工作做得细致到位，才能确保应收账款及时清收，确保公司的资金的周转。

在应收账款管理过程中，职责分离和交互稽核就是为了使管理更有效，同样对于赊购所产生的应付账款也需要分工负责。仓储部门验收货物以后，就应该由采购部门负责计算应付账款，同时管理应付账款的余额，但是支付应付账款的必须集中在财务部门进行统一管理。所以，无论是管理应收账款，还是管理应付账款，都一定要坚持以职责分离和交互稽核为原则的控制制度。

第二篇

读懂财务报表

为什么管理者不像专业人士那样关注资产负债表，而只会注意利润表呢？这可能有三方面的原因：一是资产负债表实际上更难以让人理解；二是绝大多数企业的预算都是利润表的预算；三是管理资产负债表要比管理利润表需要管理者对财务有更深的理解。

一、利润表

利润表通常是反映了在某一个期间企业的盈利状况，可以一个月、一个季度、半年或者一年作为一个期间来记录企业的盈利状况。

利润是一个估计值

要认识财务报表，很多人是从资产负债表开始的，但其实应先从利润表来认识财务报表，因为利润表和企业的日常经营相关，所以通过利润表来认识财务报表，更容易理解财务报表，利润表格式见下表。

利润表

编制单位：　　　　　　　　年　　月　　　　　　　　单位：元

项　　目	本期金额	上期金额（略）
一、营业收入		
减：营业成本		
税金及附加		
销售费用		
管理费用		
研发费用		
财务费用		
其中：利息费用		

续上表

项　　目	本期金额	上期金额（略）
利息收入		
资产减值损失		
加：其他收益		
投资收益（损失以“—”号填列）		
其中：对联营企业和合营企业的投资收益		
公允价值变动收益（损失以“—”号填列）		
资产处置收益（损失以“—”号填列）		
二、营业利润（亏损以“—”号填列）		
加：营业外收入		
减：营业外支出		
三、利润总额（亏损总额以“—”号填列）		
减：所得税费用		
四、净利润（净亏损以“—”号填列）		
（一）持续经营净利润（净亏损以“—”号填列）		
（二）终止经营净利润（净亏损以“—”号填列）		
五、其他综合收益的税后净额		
（一）以后不能重分类进损益的其他综合收益		
1. 重新计量设定受益计划变动额		
2. 权益法不能损益的其他综合收益		
……		

续上表

项　目	本期金额	上期金额（略）
（二）将重分类进损益的其他综合收益		
1. 权益法下可转损益的其他综合收益		
2. 可供出售金融资产公允价值变动损益		
3. 持有至到期投资重分类为可供出售金融资产损益		
4. 现金流量套期损益的有效部分		
5. 外币财务报表折算差额		
……		
六、综合收益总额		
七、每股收益		
（一）基本每股收益		
（二）稀释每股收益		

利润表显示企业在某个期间内的收入、支出，收入减去支出剩下的就是利润。对于广大民营企业来讲，基本都是采用收付实现制的方法来核算利润表。收到的钱作为收入，实际支付的钱作为费用，这样剩下的钱就是利润。实际上这种认为剩下的钱就是利润的观念在根本上是错误的，利润表实际上所记录的收入、成本和现金的收支、现金盈余完全是两回事儿。利润表要记录的就是销售收入、销售成本和利润，所以认识利润表，就要从销售收入开始。我在前面谈到过，会计作为一项艺术的体现，就是体现在收入的确认上。一般来讲，当企业向客户提供了一项

产品或者服务的时候，就产生销售收入，这时并不考虑这笔销售收入有没有实际收到款项，就会把没有收到款的这笔收入列示在利润表最上面一行。当然对于像餐馆、便利店，超市如沃尔玛、家乐福这样的零售企业，由于不存在应收账款，所以它的销售收入和现金流入几乎是同时实现的。但是对于其他大多数的企业来讲，无论是制造企业、IT（信息技术）企业，还是互联网公司，很有可能要等到 30 多天以后才可能收到货款，而船舶制造，或者是大型的机器设备制造企业可能要等上 3 个月到半年才能拿到钱。所以大家可以想象，像江南重工这种大型船舶制造企业，它在收到销售收入之前手里必须保留大量的现金去支付员工工资，还有一些其他营业费用，所以大家要了解什么是利润表中的成本。

利润表的成本并不是实际支付现金的成本，但凡需要支付的就应被确认为成本。同时在编制利润表的时候，利润表中的成本还应该与在此期间内取得的收入相配比进行确认，所以就要学基础会计知识来理解财务报表。在这里就要谈会计上的一个概念，叫作配比原则，也就是相关的成本应该和它所对应的收入进行配比，可以说配比原则是编制利润表的基本会计原则。对于会计来讲，主要工作就是计算并且准确地记录销售收入发生时应该要承担的所有的成本费用。比如一个制造业企业在 9

月购买了一批库存商品，准备在几个月以后再销售给客户，这时在9月所购买的这一批产品并不需要立即作为成本记录在9月的利润表里，而是需要等到产品出售的时候才记录这块产品的成本，原因就在于成本应该和它所对应的收入配比，只有确认为销售收入了，它所对应的成本才能在利润表上确认为成本。再比如一家公司在6月购买了一辆卡车，计划在以后使用，这时这辆卡车的成本也不会马上显示在6月的利润表上，这辆卡车会在未来的使用过程当中通过计提折旧的方式作为一项费用被分期记录在利润表里，原因是基于配比原则，因为这辆卡车的费用只是和单月的销售收入相对应的众多费用之一，这笔费用需要根据配比的方法确认到利润表里，甚至配比原则还可以影响到相应的一些税金的科目。一般企业是一个季度缴纳一次企业所得税，每个月缴纳一次增值税，会计需要在每个月的利润表上反映单月利润应该缴纳而没有缴纳的税款。配比原则不但适用于前面讲的生产型企业、商品流通企业，也适用于服务型行业，比如咨询公司收取的费用，就需要把运营咨询公司所发生的费用支出和所收取的款项进行配比，确认在利润表里，一般采用以时间为权重的一种计算方法，比如这个月的咨询师为5家客户提供咨询服务，这个咨询师本月的工资收入就需要根据他为每家客户所提供的服务时间占他总的服务时间的比例分摊计入每一项目里。

可以看到通过前面讲的例子，销售收入、销售成本和现金收入与成本可以说相去甚远，而用来处理现金流入和流出的是另外一张报表，也就是现金流量表，所以对于会计人员来讲，不只是要算出现金流入、流出的流动情况，还必须确定哪些成本和销售收入相关，在此过程中就必须要做出假设和估计，在运用假设和估计的过程中，就有可能给数字带来不确定性。

现金流量主表样表，见下表。

现金流量表

编制单位：　　　　　　　　　　　　　　　　单位：人民币元

项　　目	附注	本年度	上年度
一、经营活动产生的现金流量：			
销售商品、提供劳务收到的现金			
收到的税费返还			
收到其他与经营活动有关的现金			
经营活动现金流入小计			
购买商品、接受劳务支付的现金			
支付给职工以及为职工支付的现金			
支付的各项税费			
支付其他与经营活动有关的现金			
经营活动现金流出小计			
经营活动产生的现金流量净额			
二、投资活动产生的现金流量：			
收回投资收到的现金			

续上表

项　　目	附注	本年度	上年度
取得投资收益收到的现金			
处置固定资产、无形资产和其他长期资产收回的现金净额			
处置子公司及其他营业单位收到的现金净额			
收到其他与投资活动有关的现金			
投资活动现金流入小计			
购建固定资产、无形资产和其他长期资产支付的现金			
投资支付的现金			
取得子公司及其他营业单位支付的现金净额			
支付其他与投资活动有关的现金			
投资活动现金流出小计			
投资活动产生的现金流量净额			
三、筹资活动产生的现金流量：			
吸收投资收到的现金			
取得借款收到的现金			
发行债券收到的现金			
收到其他与筹资活动有关的现金			
筹资活动现金流入小计			
偿还债务支付的现金			
分配股利、利润或偿付利息支付的现金			
支付其他与筹资活动有关的现金			
筹资活动现金流出小计			
筹资活动产生的现金流量净额			
四、汇率变动对现金及现金等价物的影响			

续上表

项　　目	附注	本年度	上年度
五、现金及现金等价物净增加额			
加：期初现金及现金等价物余额			
六、期末现金及现金等价物余额			

公司法定代表人：　　主管会计工作的公司负责人：　　公司会计机构负责人：

利润表的目的

原则上利润表要计量所有的数据以后，才能确定企业所提供的产品和服务是否盈利。会计最费力的工作就是要列出企业在一定会计期间内所记录的收入，为了取得这些收入所发生的成本费用支出，最后还要通过收入减掉的成本费用展示出盈利状况也就是利润。尽管在此过程中由于存在会计估计和假设，利润是存在偏差的，但是即使是这样的偏差的数字对于企业及管理者都非常重要。

对于销售经理来讲，他需要了解销售团队获得了多少的利润，这时他才能据此制订销售折扣、销售折让等交易条件，然后去定位目标顾客等策略；对于营销经理来讲，他需要了解哪些产品是盈利的，哪些产品是亏损的，这样才能够在促销活动中确定宣传策略；对于人力资源经理来讲，他也需要了解企业的盈利能力，在招聘员工的时候他才知道哪一个板块的业务更需要新的人手，而哪些板块的业务要考虑辞退人员，通过利润表反映出来的数字，他才知道自己的人力资源运营究竟要采取什么策略。

从长远来看，一个经营管理良好公司的利润表和现金流量表是可以相互支撑来提供更多有价值的决策数据，因为最终利润要转化为现金，但是一定要意识到在某一个会计期间里面所赚取的利润，并不意味着就有相应的现金去支付费用账单，因为利润始终是一个估计值，公司不可能去花销一个估计值，当有了这样的认识，就要进一步分析、认识、了解利润表了。

利润主体

一张微型简化利润表一般包括这几项：销售收入、销售成本、毛利润、期间费用、企业所得税、净利润。它们之间关系如下：销售收入减掉销售成本得到的毛利润，然后再减掉期间费用、企业所得税，得到净利润。所以一般来讲，稍有一点管理常识的人并不需要太多的财务背景，也能够理解这种简式利润表，不用计算器就可以算出最后的结果。

下面和大家一起来看看微型简化利润表的表样，见下表。

微型简化利润表

编制单位：　　　　　　　　　　年　　月　　　　　　　　单位：元

项　　目	本期金额
一、营业收入	
减：销售成本	
二、毛利润	
减：期间费用	
所得税费用	
四、净利润	

如果看看现实中的利润表，比如说我们在上市公司财报中看到的利润表是一个非常详细的列表，密密麻麻的数字让人眼花缭乱，这样的财务报表几乎无法进行仔细地阅读。如此详细的利润表足以让任何没有财务背景的人举手投降，除非是财务方面的专业人士。

所以要认识利润表，就要先从微型简化利润表开始。首先大家看看利润表的表头，可以看到在利润表的最上面写的利润表三个字，当然它也可能叫损益表，但无论叫什么，这张表的本质就是利润表。当翻开报表时，利润表的前一张报表是资产负债表，后面一张是现金流量表，这张利润表被制作出来以后，所针对的编制对象或者叫会计主体，一般就是整个企业。但是为了经营管理的需要，也可以专门针对某一个部门或者是某一个业务单元来编制利润表。规模大的公司，不仅会编制整个公司的利润表，甚至会提供企业不同的 BU 利润表。比如在 20 世纪最早采用事业部组织模式的通用汽车，就为每一个事业部编制利润表，因为通用汽车将其每一个事业部作为一个利润中心来管理，这样为每个利润中心来编制利润表就有助于让这些大公司的管理者更加深入地了解下面每一个 BU 的经营业绩。看利润表的时候，首先要知道会计主体，这样假设的目的，同时也需要了解编制利润表是用来反映某一个特定期间的收入、成本、费用，需要了解会计期间的假设。

下表是通用汽车季度利润表。

单位:美元	至2021-03-31	至2020-12-31	至2020-09-30	至2020-06-30	至2020-03-31
营业总收入	**324.74亿**	**375.18亿**	**354.80亿**	**167.78亿**	**327.09亿**
-营业成本	273.94亿	325.21亿	293.28亿	165.82亿	296.82亿
毛利	**50.80亿**	**49.97亿**	**61.52亿**	**1.96亿**	**30.27亿**
-销售管理及行政费用	18.03亿	21.30亿	16.28亿	13.10亿	19.70亿
-其他运营费用	--	--	--	--	--
计息税前利润	**32.77亿**	**28.67亿**	**45.24亿**	**-11.14亿**	**10.57亿**
+非经营收入(支出)	9.54亿	3.26亿	7.32亿	5.07亿	5.90亿
-非经常性支出	-2.10亿	-5.21亿	2,400.00万	-1,800.00万	8.11亿
-利息支出	2.50亿	2.75亿	3.27亿	3.03亿	1.93亿
税前净利润	**41.91亿**	**34.39亿**	**49.05亿**	**-8.92亿**	**6.43亿**
-所得税	11.77亿	6.42亿	8.87亿	-1.12亿	3.57亿
+其他税后调整	0.00	0.00	0.00	0.00	0.00
+联营公司盈利权益	--	--	--	--	--
合并净利润	**30.14亿**	**27.97亿**	**40.18亿**	**-7.80亿**	**2.86亿**
-少数股东权益开支	-800.00万	-4,900.00万	-2,700.00万	-2,200.00万	-800.00万
净利润	**30.22亿**	**28.46亿**	**40.45亿**	**-7.58亿**	**2.94亿**
-优先股股息	4,600.00万	4,500.00万	4,000.00万	4,800.00万	4,700.00万
一般可用收入净利润	**29.76亿**	**28.01亿**	**40.05亿**	**-8.06亿**	**2.47亿**
每股基本收益	**2.06**	**1.95**	**2.80**	**-0.56**	**0.17**
摊薄每股收益	**2.03**	**1.93**	**2.78**	**-0.56**	**0.17**
息税折旧摊销前利润	**62.92亿**	**59.29亿**	**76.82亿**	**21.44亿**	**42.55亿**

所以利润表就像小朋友的成绩单一样，它总是反映某一时间，一年级、二年级或者是初中、高中，某位同学的 GPA（Grade Point Average，意思为平均绩点，通常指平均学分绩点，简称 GPA），当然有的公司甚至可能会编制每周的利润表，通常是为了让企业的经营管理者更直观地了解利润表。在利润表中，一般会把财务报表的数字进行四舍五入处理，把后面的一些小金额的数字省略掉，所以在看利润表的时候要注意表头上最右边的注释，即货币单位。在中国的企业中，一般约定俗成的货币单位是万元，但是如果是欧美企业，大家会发现由于英文的习惯，货币单位要么是千元，要么是百万元。会计期间以及数字的四舍五入是常识，但是这些非常细小的细节却常常被新手所忽略。

关键的三类数字

无论去看哪家公司的利润表，都会包括三类主要的内容：一个是销售收入，也可以称为营业收入，只是名字不同，实际上是一回事情，销售收入或营业收入总是在利润表的最上面。

在利润表中间的是销售成本，或者叫营业成本。在销售成本或者营业成本下面的是期间费用，这些费用又可以按照功能细分为销售费用、管理费用和财务费用，最下面的部分就是利润。

如果是 NGO（Non-Governmental Organizations，即非政府组织，简称 NGO）非营利性组织的利润表，比如各种管理协会，这些协会的利润表就不能称为利润表，可能会称为业务活动表。

在这三大类中，还可能看到一些细项，比如说之后会谈到的毛利润，对于这样的简式利润表，要对它进行简单的财务分析，就是通过比较利润表中的每一个数字和销售收入的比例关系，就可以判断出利润表中什么项目对公司来讲是最重要的。这样的一个很简单的财务分析得到的结果，就是每一元钱的销售收入所产生或对应的毛利润、销售费用、管理费用、财务费用都会十分明确。如果某一个项目占销售收入的比例很大，那么就可以肯定，公司的管理层要非常关注这个项目。一般来讲，销售成本或者营业成本（在服务性行业叫作劳务成本），它占收入的比例一般都是最大的。所以管理者都会非常关注销售成本或者是劳务成本。

在公司里，不同的职业经理人还要去关注一些和自己的工作相关的内容，比如一个销售经理或营销经理，毫无疑问就应该更关心销售费用。这就是在认识简式利润表过程中首先需要去关注的收入、成本和利润这三大类的重要数字。

与上期和预算数据的比较

利润表除了要包括收入、成本、费用和利润这三类主要的数字外，利润表所包括的一个会计期间究竟是哪些会计期间？这样编制的报表所反映的信息才能对决策有帮助。所以利润表除了要披露本期的收入、成本费用以外，还要和上一期的实际收入、成本费用进行比较。

利润除了需要和上一期的实际情况进行比较以外，如果有预算管理基础的企业，还需要把本期实际完成的收入、成本、利润和预算的收入、成本、利润来进行比较。这样利润表上最左边一列就是本期实际完成的收入、成本费用和利润，第二列是上一期实际完成的收入、成本费用和利润，之后把本期和上期进行比较，算出绝对值的差异额，再算出用比率反映出来的变化率。有预算管理基础的企业还可以再增加一列预算的收入、成本费用，之后再用实际完成的收入、成本费用和预算的收入、成本费用进行比较，再算出一个绝对值的差额和一个用比率来表示的差异。

通过这样的方式就可以采取必要的一些管理措施。假设企业规定管理费用不应该超过销售收入的15%，如果这个数字大大超过了15%，财务、行政、人力资源部门就要密切注意。同样，预算数和实际发生额的比较也是如此，如果实际的收入费用偏离了预算，也就是说如果这个偏差很大，那么就必须有人及时了解出现这种情况的原因。作为管理者和老板，就要识别对预算的偏离值，并查明原因，采取必要的措施。

总之，要把利润表编制成一张比较利润表。通过这样的方式可以给管理者来呈现究竟有哪些内容发生了变化，哪些数字和预想的一致，哪些情况是不一致的。管理者可以据此及时调整自己的管理策略。

像打开一本故事书一样来阅读附注

当老板或创业者拿到一份利润表，看到了利润表上的一些主要的收入、成本和利润科目的数字以后，还需要进一步了解这些数字的来龙去脉及其构成的元素。为了回应管理的需求，财务人员就需要对报表上的数字做出进一步的解释，这个解释就是通过披露更多的信息来展示这些数字的来龙去脉，中间包括哪些内容，行业里把这样的解释叫作附注，或者可以把它理解为对数字的解释或备注。

企业的经营管理一般对外披露的报表，包括给各类的监管机构、税务局、银行所披露的报表，里面一般都包括附注，这里有很多非常有意思的内容。作为企业内部使用的报表，它可能包括附注，也可能不包括。如果包括附注，建议老板和管理者要非常认真仔细地阅读这些附注，因为它很可能就是你要求会计人员提供给你的需要进一步了解的信息，或是财务人员认为管理者需要掌握的企业财务信息。

附注里面会披露很多的内容，比如一家企业的会计年度，当然中国的企业，按照《中华人民共和国会计法》规定，会计年度或者财务年度都是每年的 1 月 1 号到 12 月 31 号，而欧美企业的财务报表，每家企业会根据自己的实际情况确定会计年度或财务年度，因为企业成立日期不同，每家企业的商业周期不同，每家企业的旺季和淡季不同，财务年度有可能是从 6 月 1 号到第二年的 5 月 31 号，这时管理者就要小心了，把不同期间的财务年度的数据来进行比较时，要注意此期间是不是完全一致的，除了有会计年度的披露内容以外，还有很重要的一点是：在附注里需要披露的就是收入确认的具体原则，一般企业的收入要么就是产品的销售收入，要么是劳务收入，有很多企业会在附注里面详细地披露销售收入和劳务收入的具体确认原则，比如有的企业就会在附注里这样描述商品的收入确认原则，一般要在产品出库交付给买方，同时销售价格已经可以确定、收款也可以得到合理保证的时候，就确认这个产品的销售收入。

除了收入确认原则以外，在收入这个部分还会涉及一些销售折扣、销售返利、销售佣金等，这些因素都会使销售收入减少，财务人员需要提醒管理者注意，此时销售收入是根据会计的估计和假设得出来的。在财务报表的后面，还可以看到很多和财务报表相关的附注，这是一个把企业像一本故事书向管理者展开的过程，在看见这些数字过程中，管理者和老板就要浮现出这个数字的产生场景，当进入到这样的一个场景和故事书里时，就可以设身处地理解这个数字背后的故事，当逐渐了解数字背后的故事以后，可以为管理者采取一些有效的管理措施提供非常有价值的信息决策支持。

二、收入

毫无疑问，销售收入操纵的空间很大。

财务舞弊欺诈高发地带

以 IT 公司为例，假设销售软件服务合同里包含未来 5 年内软件的维护和升级这项服务，这时就必须判断在什么时间点上确认或记录多少销售收入，如果这家 IT 公司是一个上市公司，那么证券分析师、基金公司就会对上市公司未来的收益进行预测，他们会发布大量的研究报告，而研究报告评估出来未来的利润水平直接就会影响公司的股价，如果所披露的实际利润水平低于证券公司的研究报告事先预计的水平，那马上就会在上交所、深交所的网站上面反映出来，企业的股票立刻就会受到冲击。所以确认收入的方法会直接影响到老板乃至员工的股票和股票期权，最后也会影响到老板的身家和腰包。

假设在确认收入时，对这样的软件销售和服务，确认收入的比例假设是 75%，而不是 50%，结果会怎么样？如果对整个软件服务的进展的估计是 50%，而不是 75%，用 50%来记录收益，这样做又会造成什么结果？很明显，当变更软件服务进展的比例，就会直接影响这家企业最后的利润。有趣的是，这样的变更并不是不合法的，在整个会计法规允许的条件下是有可操纵的空间的。所以，在确认收入的时候是确认百75%还是 50%，才能更准确地反映软件的销售收入，这种估计的变化是基于对未来经营情况乐观的财务分析，还是它受到市场的盈利压力，在这里一定要牢记，会计只是利用有限的数据尽可能准确地描述企业业绩，利润表中的收入是估计，也是最佳猜测。

不是每个管理者或老板都想故意造成这种偏差。事实上，在企业管理中，除了会受到外部的市场监管机构的压力以外，就算企业内部的管理人员也会有意或无意的影响收入确认。假设你是公司内部的销售总监，那毫无疑问你和你的团队都会高度关注每个月 IT 服务的收入数据，因为你需要用这样的数据来管理下属，然后根据这样的数据进行业绩评估，展开业绩对话。根据这样的数据来决定雇用或者是解雇员工，给员工发放酬劳，给他们相应的奖励。如果为了达到某一个 KPI（Key Performance Indicator，即关键绩效指标，以下简称 KPI），改变了销售部门的收入确认方式，结果就会使你的工作以及你团队的工作看起来做得非常好，每个人都有奖金可以拿，但是实际上有可能收入数据并不像表面反映得那么好，这时发放了奖金，而发放奖金的基础又不是来源于公司真实的业绩改善，这就是由于企业内部存在的绩效考核压力使内部的管理人员有意无意地去考虑调整收入确认的方法。

所以绝大多数财务欺诈、财务舞弊案总是和利润表最上面这一行

“销售收入”有关，无论是中国证券市场还是英美证券市场上所暴露出来的财务欺诈的案例，绝大多数都和收入的确认方式有关。而这个问题实际上在IT和互联网公司尤其突出，所以有很多IT公司是把它的产品先销售给分销商，再通过分销商把产品销售给终端的客户。IT公司也许会在证券市场的压力下来操纵数据，总会在每个季度末披露季报的时候，把一些并没有实际订购的软件提前分发给分销商，这种行为叫压货，压货无论是在IT公司还是在制造企业，都是一个非常严重的问题。所以对于有经销商销售模式的公司，解决财务舞弊比较好的方法就是要求企业要主动披露分销商所持有的存货量，从而显示产品滞留在分销渠道是不是人为的压货和囤积所造成的，当然这个非常有效地解决财务舞弊的方法并不被普遍运用，但无论如何，最后还是一句话：作为管理者，无论于公于私，确实有必要掌握收入确认的具体的原则和方法。

三、成本费用

利润表第二大块的主要的数据就是成本费用，成本费用实际上又包括两大类：第一大类是成本，第二大类就是费用。

如何区分成本和费用

不同的行业会对成本有不同的叫法，在制造型企业，可以把成本称为销售成本；在服务行业，可以把它叫作劳务成本；但是按照中国的《企业会计准则》，在会计报表里，成本都会被统一列示为营业成本。不论叫什么名字，成本总是用于归集所有与生产最终产品或者服务相关的直接成本。与最终的产品和服务不直接相关的间接成本则被统计在费用里。对于会计部门来讲，很重要的工作就是确定企业发生的支出——哪些应该被列入直接成本中，哪些是间接成本，应列入费用。在很多情况下，根据管理常识，成本与费用都可以被准确地分类，比如说生产车间的工人工资为营业成本，或者被称为销售成本，用于产品的原材料支出的成本也是被归为成本。但是，另外的一些成本不一定会被列入营业成本里，比如说财务部门所耗用凭证的打印纸，这个会被列为费用，再如行政人事部门人员的工资，也被列为费用。

除了根据以上标准就可以判断的分类以外，实际上在管理过程中，还会存在一些灰色的区域，这些灰色的区域往往非常庞大，对这些区域中所发生的支出，究竟把它们归为成本还是费用，实际上不是那么容易直观地判断。比如，一个制造业企业把下面的一个生产车间剥离出来，单独成立一个子公司，将其作为投资中心来加以管理，那么这时子公司的管理人员实际上就是原先车间的主任。他的工资究竟应该是作为成本来列示，还是作为费用来列示？再比如，在生产车间里的质量监督的人员的工资应该列为成本还是费用呢？所以，对这样的一些模糊地带，实际上并不是那么容易判断。其实在会计里，如果说不需要任何判断是不太可能的，虽然会计法规制定了一些准则，但是对不同的企业而言，《企业会计准则》的适用性因企业不同而不同，其结果也不同。

专业的财务人员会这样处理比较模糊且不好分类的成本。在同一个会计期间中，按照前后一致的原则处理这些成本的分类，即：如果前面将其归入成本，则在此会计期间中都应将这一类支出计入成本，既保证了此项开支前后的可比性，又可以使账目更清晰明了，所以这样的操作是被允许的。

除了前面谈到的例子以外，下面我们再看看在生产过程中老板和管理者应关注的究竟哪些支出应该计入成本，哪些支出应该计入费用。

再举两个让人头疼的例子。在一家建筑公司中，过去负责对建筑工程进行成本管控部门人员的工资一直都是计在提供服务的劳务成本中。现在财务人员要把成本控制部门的工资从劳务成本里提取出来，这样做实际上也是具有合理性的，虽然成本控制部在建筑施工过程中做了很多工作，但是他们的工作并不直接和建筑业务联系，因此可以认为成本控制部所发生的费用不是直接成本，而是间接成本。所以把它排除在服务成本，也就是劳务成本之外，这样做就可以调整毛利润。在毛利润表中，以毛利润作为一条线把利润表一分为二，在毛利润线上的叫作线上科目，在毛利润线下的叫线下科目。证券分析师或者是外部审计机构在对企业的业绩进行评估的时候，会关注线上科目还是线下科目？毫无疑问，他们会更关注线上科目，也就是关注毛利润以及所产生的毛利率。把成本控制部门的成本从劳务成本里剔除放在费用里，就会使其被关注的程度大幅度减少。再比如，假设在一家制造业的工厂中，预算要求每个月要实现的毛利润是 100 万元人民币，如果这个月没有完成目标，车间主任看了看利润表，发现毛利润核算下来比预算要求的目标少了 5 万元，这时他就可以看一看成本，发现在成本中采购部门所发生的订货成本被计入在成本里，而不是放在费用里。这时候他就可以把会计找过来，要求把采购部门所发生的成本调到费用里。假设会计也同意了这一做法，那么这时就完成了预算指标。这就是为了要达到内部的绩效管理目标所作出的一个对科目分类的调整。

那么，这样调整究竟合不合理？那就要按照前文所言，这样的调整要接受合理性和一致性的检验。如果这个月因为指标无法完成，把这项支出从成本调到费用，下个月，又把这项支出从费用调回成本，就很难找出充足的理由来说服监管机构和外部审计师。一般来讲，如果把同一项成本或费用在不同会计期间不断地进行变更肯定是有问题的。在确定分类的时候，一定要问自己两个问题：第一，做出这个分类有没有正当性；第二，这样的做法和以前的经验及实际做法是否保持一致？以便让不同会计期间的数据具有可比性。

随时变脸的期间费用

成本外的支出一般放在哪里呢？一般就把它放到线下科目，即毛利润这条线下面的科目里，这些科目叫作费用或者期间费用。它主要由三个科目组成，包括营业费用、管理费用和财务费用。

我们一般把营业费用称为销售费用，因为它主要是用来归集和披露销售部门、市场营销部门所发生的销售和市场营销的费用。而管理费用用来归集披露管理层以及行政、人事、财务、IT 部门等发生的部门费用，包括工资和物料的消耗，都被归为管理费用。而财务费用主要是用来归集和披露企业的利息支出，还包括像利息收入、银行手续费等和资金的利息相关的费用。在对一个企业的报表进行财务分析的时候，外部的分析师、监管机构或审计师一般都会认为这样的一些期间费用是一家企业的胆固醇。如果一家企业的期间费用过高，这些高昂的胆固醇很明显会阻碍企业血管的正常运行，最后会导致企业出现“脑梗”。

所以对于期间费用来讲，在管理时就要非常慎重，好的期间费用可以使企业变得更为强大，但是不好的期间费用就会拖垮利润，阻碍企业有效地利用商业机遇，这也是企业管理过程中官僚主义的体现。对于成本和费用的区分，可以把它区分为可变成本和固定成本。可变成本是会随着公司产量的增加而变动的成本，而固定成本是不会随着产量的变化而变化的成本。前文谈到，成本和费用是根据费用是否和产品具有直接因果关系分为直接成本和间接成本。一般把直接成本做在利润表的营业成本或者销售成本，也可以把它叫作劳务成本，而把间接成本记为期间费用，也就是管理费用或销售费用，但是对于期间费用，不能简单地认为期间费用里面所核算的销售费用和管理费用都是固定成本，确实在营业成本里面所反映的是原材料的成本，而原材料会随着产品产量的增加而增加，随着产品产量的减少而减少，这样的原材料成本是一个变动成本，期间费用里面所核算的一些行政人事管理部门的人员工资，它并不随着产品的增加而增加。但是实际并不那么简单，比如销售费用中诸如销售佣金这类的费用就会随着销量的增加而增加，也会随着销量的减少而减少，这时销售人员所赚取的佣金收入实际上是可变成本。

前文谈到在管理会计报表的时候，需要按照会计法规所编制的财务报表重新根据成本属性进行分类。在这个过程中需要注意识别销售费用和管理费用中究竟有哪些销售费用和管理费用实际上会随着产量或者销售收入的增加而产生变动。这时要把它分为变动成本，而把不会变动的部分识别为固定成本，用收入减掉变动成本得到边际贡献这一关键财务指标，通过这样的财务指标，才可以对企业进行本量利分析。通过本量利工具，才可以有效地制定销售价格，有效地识别我们在什么情况下能做到边际收入等于边际成本，从而得到最大的利润，实现股东价值的最大化。

折旧的奥秘

成本和费用里面一个非常重要的组成部分就是折旧，折旧一般会隐藏在营业成本或者是期间费用里面，如何处理折旧对利润表的利润会产生重大的影响。比如，一家企业从德国进口了一张精密的数控机床，数控机床就需要在它的使用年限内来计提折旧并摊销成本，这就是前文谈到的配比原则运用的例子。

一般把折旧理解为实物资产在它估计的使用年限内所产生的损耗，这种损耗是由物理性的贬损和经济上的贬值构成的，会计要把资产的损耗分摊到不同的会计期间，列支在不同期间的利润表里。但是这样的折旧算法，也就是把资产按照新旧程度打了个折，打折的部分就是资产的损耗，但其中却隐藏着一种非常有效的手段。“艺术家”们就可以利用这种手段来影响企业的净利润。比如，假设专门为这台进口的精密的数控机床成立一家公司，对外承揽这种精密的工业器件的加工，在第一个月时就需要决定这架机床究竟会使用几年，但会计人员并不能够先知先觉地预料这架机床能够使用几年，因此不得不对使用年限进行假设。如果假设这台机床只能使用一年，这时需要把这 100 万元的精密机床在一年内全部提折旧，也可以假设这台机床可以使用 10 年，每年计提 10 万元的折旧费用。在第一种情况下，按一年来提折旧立马就会导致公司出现亏损，而在后一种情况下，每年计提的折旧只不过是 10 万元，那么每年利润立刻就会增加 90 万元。

所以，《企业会计准则》是允许在确定折旧的使用年限的假设上具有灵活性的，这种灵活性就意味着会计人员需要进行估计，而对于老板和管理者来讲，就必须理解这个估计，并且知道它可能对财务报表所造成的影响。如果原先的折旧是按照企业所得税法所规定的最低折旧年限作为它的折旧年限，会导致按照 10 年提折旧，每年提 10 万元，盈利指标可能无法完成。如果发现德国制造的机床质量非常好，实际上不只能够使用 10 年，甚至维护保养好可以使用 20 年，在这样的情况下可以延长折旧年限。当年东北的许多企业中有很多德国制造的设备，到了新中国成立以后仍然被使用，就是这个道理。所以当把机床折旧年限由 10 年延长到 20 年，每年需要提的折旧就从 10 万元变成了 5 万元，企业就会增加 5 万元的利润。

在上市公司发布的报告中，我们经常会发现很多上市公司会悄悄地修改设备的折旧年限，将折旧年限变长，实际上就是为了能够增加本期的利润，这样的方法就是让利润看起来更好看的众多方法中的一种。对于这样的折旧，在利润表中就是非常典型的非付现费用，这种非付现费用往往会使老板和管理者感到迷惑，一项费用不是现金，那该是什么？理解这个令人迷惑的折旧，有一个要点就是：虽然这项资产所购置的资金已经支付，但是这样的支出并没有在购买资产当月立即作为费用体现出来，而是必须在机床的使用年限内来进行分摊，这样没有支付现金的支出，只不过是会计根据机床的使用情况来计算利润的一种方法。

对于老板和管理者来讲，就要知道用什么样的方法可以合理确定对资产的折旧年限，并且知道这个方法的应用与资产带来的收入水平是否匹配，寻找在管理上的正当性。

无形资产摊销

与折旧相对应的另外一个概念就是摊销，摊销的原理实际上和折旧差不多，只是适用的对象不一样，摊销是用于无形资产，折旧是用于固定资产。无形资产就是企业所拥有的没有实物形态，但是能够让企业在未来赚钱的一些无形的资源，它包括专利、著作权，甚至还有商标、商誉，以及政府的特许权等，都属于无形资产。

无形资产往往会构成企业资产负债表的一个组成部分，特别是对IT和互联网公司来讲，无形资产往往是资产负债表一个重要的组成部分，像这样的无形资产，一般都需要一些成本支出来购置或研发。但是又不像机器设备一样是实物资产，确实对企业有价值。由于它的使用期限比较长，又能给企业带来收入，就必须用类似于折旧的方法进行处理。此处以专利为例，假设从爱立信公司专门购买一个专利或者是专利的授权许可，就可以把这项专利技术用在IT设备和互联网的经营上。

爱立信的专利可以给企业带来收入，所以不能把购买专利所产生的费用一次性地反映在利润表上，而是要和它未来带来的收入配比在一起，每期反映一部分，采用的做法就是把购置专利所产生的支出通过摊销的方式逐期进行摊销。

财务把这个过程叫作摊销，而不是把它叫折旧，为什么把它叫摊销而不是折旧呢？主要的原因就是这类资产是无形的，而折旧是可以看到有形的实物资产价值贬损的程度，所以用折旧这个概念。从资产价值的贬损角度来理解折旧，是理解折旧和摊销的一种思路。理解折旧或摊销时的另外一种思路，与其说它是一种价值的损失，还不如说它是一种成本分摊。无论是专利还是前面讲的机床，在 10 天之内计提折旧或者对专利进行摊销。通过这样的方式，就能把机床或者是专利的成本分摊到 10 年中加以确认。

但是折旧、摊销全部摊完之后，此时无形资产和有形资产还是可以体现出区别来的。比如，机床虽然 10 年的折旧已经提完，但是这个机床仍然在使用，这时不能把机床做报废处理，要保留在资产负债表上不能把它注销；而对专利来讲，由于技术迭代速度非常快，甚至用不上 10 年，这项专利的价值实际上已经接近于零了，可以认为这项专利就不值什么钱了，所以专利摊销完后，这项专利对企业的价值基本属于可有可无的状态。从这个角度来看，摊销、折旧，固定资产、无形资产确实有不同之处。

剔除非经常性损益评估公司业绩

成本费用里除了营业成本、销售费用、管理费用以外，还会有一些其他成本费用，这些费用既不包括在营业成本里，也不包括在期间费用内，一般把这一类零星发生的成本费叫作非经常性损益。

非经常性损益在利润表里主要涉及的报表科目是营业外收入和营业外支出，各个国家的证券管理机构在评估上市公司业绩的时候，都会要求在计算关键盈利指标的时候，要把非经常性损益从净利润面扣除，再对企业进行评估。原因就是这样的非经常性损益的发生与生产经营没有直接的关系，因此，这样零星的费用支出，会影响真实客观地评价一家公司当期的经营成果、获利能力，并且也会影响公司和公司之间的比较。所以在计算关键的监管指标，比如净资产收益率或每股收益的时候，都需要把这些非经常性损益剔除。非经常性损益包括很多内容，如：处置一项固定资产所发生的损失、因企业获得的政府补助、企业重组产生的重组费用等。

对于一些经营管理不善，需要进行重新估值的公司，就需要把它的业务体系在重组过程中进行大规模剥离和处置，在这个过程中就会发生巨额的处置费用，这种费用就是非经常性损益。此时，公司的财务人员就需要对企业进行评估来估算业务重组可能发生的处置费用，包括解雇员工时需要支付的补偿金、处置设备时可能发生的损失，还包括需要支付的房屋租金等。对于这样的费用，原则上法规要求财务人员在估计这类费用时要谨慎地估计，但是在估计费用的时候不得不用到前文所谈到的艺术性手法，也就是存在一些假设和预估，在这样的情况下就有可能出现预估的费用和最后的实际情况产生很大的偏差。如果此时财务人员估计得太高，而实际的处置费用又比预期低，那么就会导致前期所估计的这种高额的处置费用在未来可能会以利润的形式又被返还回来，增加了以后期间的利润。当然反过来讲，有可能重组费用估计低了，导致在未来实际发生的费用超过了原先估计的金额，从而需要在未来的会计期间额外再新增加一部分的重组费用，这样就会导致在做出重组估计当期的会计期间的利润实际上被高估，费用存在被低估的情况。

在看企业的财务报表的时候，就要多去关注像营业外收入和营业外支出这样一些核算非经常性损益的科目，要把这些科目里面的费用或支出剔除掉以后，再来正确地评估一个企业真实的运营能力。

四、利润

到目前为止，我们已经讨论了销售收入，也就是利润表最上面那一行，也讨论了成本和费用，也就是利润表中间那个部分，即把利润表中最主要的两个数字做了一个详细的说明。用收入减掉成本费用就得到利润。

毛利润

如果管理者看利润表时，会发现利润表里有好几个地方都会包含利润两字。在利润表里面有毛利润，有营业利润，还有利润总额和净利润，这些都是利润表中利润的组成部分，但是毛利润、营业利润、净利润乃至每股收益，在利润表上用不同的术语被命名时，实际上它们之间还是有细微的不同。所以，在此我们谈谈利润在利润表中有些什么样的表现形式。

首先是毛利润。毛利润是收入扣除成本后剩下的金额，毛利润是利润表中一个非常关键的数字，它说明了产品或服务的基本的盈利能力。如果企业这一部分的毛利润都不是盈利，也就是说毛利润是一个负数，即亏损，那基本上可以说这个企业很难存活下去，因为如果不能够获得良好的毛利润，怎么期望企业能够支付包括高管人员在内的人员工资呢？所以企业的毛利率必须非常充足，足以支付企业的销售费用、管理费用、财务费用和税金，这时企业才能成为一个真正的企业。只是把产品生产出来还不够，企业的资金还必须能够支付把产品销售到全国的营销费用，还必须能负担维持企业运营所花费的行政、人力、财务、IT系统的费用。

究竟一家企业要有多少毛利润才算资金充足，也就是说，毛利率究竟应该有多高，这家企业才可称为一个运营良好的企业呢？实际上行业之间的差别特别大，即使在同一个行业中，不同企业差别也很大。比如说在零售业，毛利润一般只占销售收入很小的一部分。如果大家去看沃尔玛的报表，沃尔玛的毛利润大概是效益收益率 25%；如果去看卡斯柯，也就是雷军非常推崇的一家公司，它的毛利润比沃尔玛低很多，只有 13%。在网络游戏产业中，如果去看史玉柱创立的征途，这家公司当年上市的时候引起中国互联网界的一片欢呼，就是因为这家公司的毛利润奇高，甚至比茅台酒还高，达到 94%，也就是说 1 元的销售额中就有 0.94 元的毛利润。在制造型企业中，毛利润所占的比例没有互联网公司那么高，大概只占到 30%左右，所以不同的行业乃至同一个行业不同公司之间毛利润都有很大的差别。当然，如果在其他约束条件不变的情况下，收入较高的公司即使毛利润较低也能生存，而一家收入很低的公司，如果毛利润也很低，它就难以发展。

沃尔玛与Costco毛利率比较

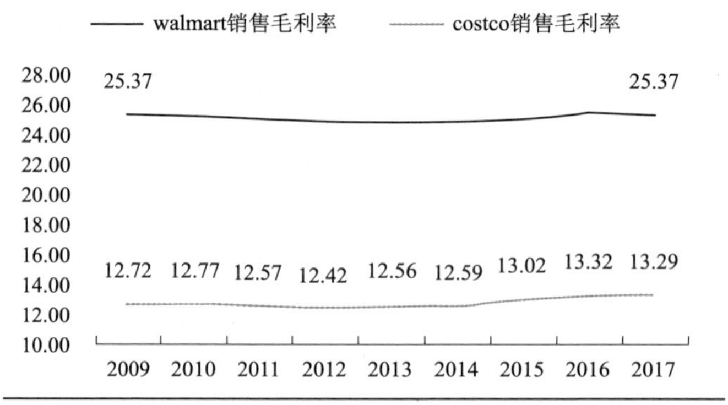

（资料来源：Bloomberg，招商证券）

为了衡量公司的毛利润，可以进行行业和行业之间的比较，同时我们也可以对同家公司在不同年度进行可比期间的比较，来分析一家公司今年的毛利润相比较去年是增加了还是减少了。如果是减少了，究竟是生产成本增加了，还是企业给予经销商很高的销售折扣？通过了解毛利润的变化，老板、管理者就会知道应该把他们的注意力放在什么地方。此时，老板和管理者应了解财务上对某些项目的处理是一门艺术，大家看看毛利率偏差背后的真正原因。比如，什么时候应该确认收入？费用究竟应该是放在成本里面还是放在期间费用里面？这些需要确认的项目都对毛利润有很大的影响。如果你是一个证券市场的证券分析师，发现自己所调研企业的毛利率好像有所下滑，如果仔细研究数据之后发现，在最开始的时候这家企业的整体营业成本提高，所以你就评估这家公司很可能以后准备削减营业成本，当然这里面就包括可能有的遗留项目，但是如果通过仔细分析，会发现这家公司的毛利润减少是因为公司把以前放在年度管理费用中核算的工资被转到营业成本里面来进行核算了，此时实际营业成本并没有升高，企业的人力成本也没有上升，如果未来企业要裁员很可能是一个错误的决策，所以在这个过程中，对于毛利润指标，管理者在审核时一定要加倍细心。

营业利润

了解毛利润以后，再来看看营业利润，它就是用毛利润减去销售费用、管理费用和财务费用后的余额。这时要注意折旧或摊销，因为这两项已经计入管理费用、销售费用，从毛利润中扣减了，所以知识界也把营业利润简称为 EBIT（Earnings Before Interest and Tax，即息税前利润，以下简称 EBIT），也就是扣除利息费用和税金前的收益。这时的营业利润还没有扣除利息和税金，为什么不扣减利息和税金呢？因为营业利润是在企业经营过程中所获得的收益，而税金（企业所得税）与经营企业并没有直接关系，利息主要是指企业的资本结构究竟采用的是债务融资还是股权融资的形式。从经营的角度来讲，这样一家企业的资金结构或者叫财务结构与企业运作的好坏也没有直接关系。

此时得到的 EBIT（息税前利润或营业利润），它就成为衡量企业管理好坏的很重要的指标，所有的股东都非常关注这个数据，因为它可以用来衡量一家公司提供产品和服务的效率。一家公司生产出来的产品必须花费交易成本，也就是销售费用和管理费用，即运营和管理成本之后，才能把这些产品真正地提供给客户，所以它就体现了一家企业的运营和管理的效率。

外部的利益相关者即银行和投资者，也关注营业利润，因为通过分析营业利润，可以判断企业能否偿还债务，是否能为股东赚钱。为什么营业利润叫息税前利润，就是因为这个指标可以用来判断营业利润能不能覆盖利息，如果营业利润连利息都不能覆盖，那这时企业的偿债能力就令人堪忧。

供应商也关注营业利润，因为这一数据可说明企业有没有足够的钱来支付货款。大客户也关注营业利润，他们以此判断企业是否能够有效运转，是否出现了经营困难，这个数据也会帮助大客户决定某产品究竟交给这家企业是进行贴牌生产还是进行代工生产。甚至如果是聪明的员工，他也应该要关注自己公司的营业利润，因为如果一家企业拥有良性增长的营业利润，就意味着员工能够保住自己的饭碗，并且还能够有机会得到晋升。

但是在关注营业利润指标时要注意，一开始我们就强调过，营业利润里面已经扣减了折旧，就像前面谈到的折旧方法、折旧期限，它会深刻地影响利润率的计算，所以有很多搞小动作的公司就会在折旧上耍花招，这种企业的营业利润就非常值得怀疑，所以证券市场就开始关注另外一个数字：EBITDA（Earnings Before Interest，Taxes，Depreciation and Amortization，即税息折旧及摊销前利润，以下简称 EBITDA），实际上就是扣减了利息税金折旧和摊销之前的利润，因为 EBITDA 没有包含折旧或者摊销，所以很多证券分析师认为 EBITDA 是衡量企业运营效率的一个更好的指标，因为它忽略了折旧等非付现的费用。

净利润

最后来看看利润表最下面的一行——净利润，净利润一般都是在利润表的最后一行，它是收入扣减了所有的成本费用后的一个余额，这里的所有的成本费用就包括营业成本、销售费用、管理费用、财务费用、税金及附加，营业外支出、营业外收入、投资收益、资产减值等。

这样的一个指标是用来衡量企业效益的重要数字，一些非常关键的财务指标，如 EPS（Earnings Per Share，即每股收益，以下简称 EPS）就是根据净利润来计算的，另外，在杜邦分析里面用到的一个关键的指标就是股东投资回报率，它也是用净利润除以所有者权益得到的。所以净利润就成了最后一个衡量企业是否运营良好的重要数字，如果一家企业的净利润低于预期，甚至亏损，那除了在财务上动手脚以外，这样的一个低盈利的企业最终只有三种可能的方法：第一种方法是开源，必须想办法增加销售收入，这种方法一般都需要很长的时间，涉及企业产品的重新定位，企业自身的转型，必须要寻找新的市场增长点或者是新的客户，完成一个新的销售；第二种方法是必须要找到降低成本，提高营运效率的方法，这也需要花费时间，因为需要去研究生产过程，企业的管理流程，找到效率低的原因，并且着手进行改革；第三种方法是作为老板或管理者，可以削减期间费用，主要就是管理费用和销售费用，这常常意味着不得不挥起手上的大刀来进行裁员，所以它通常都是短期见效的唯一的方法。

大家可以看到，许多欧美企业一旦盈利不如预期，首选的一招就是裁员，因为在整个企业的成本构成里，如果直接裁减直接成本即原材料，会发现原材料的价格很多时候是随行就市的，企业只不过是一个价格的被动接受者，这时很难去削减原材料的成本。如果想尝试削减折旧，会发现折旧只不过是以前做出来的错误的投资决策，而当下需承担后果，以前做出了错误的投资决策，购买了机器设备以后，再想在折旧上做点儿文章，实际上就是“缘木求鱼”。所以直接成本其实很难削减，如果想通过削减成本取得立竿见影的效果，就应该把目光放在间接费用上，也就是管理费用或销售费用上，所以为什么有那么多CEO在接管一个有问题的公司以后，总是从削减行政管理费用即裁员开始，因为它会使企业的财务报表很快地变得好看，当然裁员不当也会“后院失火”，员工的士气想必会大大受到影响，所以裁员可以说是迫不得已采用的一种自救方法。

对于绝大多数公司来讲，最好的办法就是能够从长远着手对公司进行管理，关注如何增加销售收入，如何不断地降低运营成本，进而提高运营效率，这个可能才是管理利润的终极之道。

五、资产负债表

前文谈到怎么样能够玩转财务报表的时候，首先是从利润表入手。可能大家就会提出这样的问题：在理解财务报表的时候不是应该从资产负债表开始吗？因为确实资产负债表是财务报表三张报表的第一张。事实上，如果把一家企业的财务报表交给一位管理者，他首先看到的是利润表，因为绝大多数管理者都渴望盈利，如果企业亏损，他们首要的职责就是怎么样能够把利润提高上来，因为利润是衡量业绩的最终指标，所以利润表一定是他们最先看的。

为什么管理者不应该首先关注资产负债表

但如果把同一份财务报表交给一位银行家，或者交给证券分析师，或者交给一位老练的外部审计师时，这个人首先看的报表一定是资产负债表，实际上他可能已经关注这个公司很长时间了。当他拿到报表后，会很快地翻阅报表，核对利润表和现金流量表以后，他总是会把自己的目光放回到资产负债表。

为什么管理者不能像专业人士那样关注资产负债表，而只注意利润表呢？这可能有三方面的原因。第一，相对于利润表，资产负债表实际上更难让人理解，因为毕竟利润表比较直观，比较符合管理的常识，资产负债表则不然，它要求阅表的人至少要具备相应的基础的财务知识。第二，绝大多数企业的预算都是集中于利润表的预算，也就是收入和成本费用，对于一位管理者来讲，如果不了解预算就不可能成为一个好的管理者。成为一位好的管理者，就意味着比较熟悉利润表里的很多项目，但相反，资产负债表中的数据却很少会出现在这些运营经理的预算当中，虽然财务部门在编制预算的时候也会编制资产负债表预算，但在运营经理手上的预算主要就是利润表。第三，管理资产负债表（见表 1）要比管理利润表（见表 2）需要管理者对财务有更深的理解，对于资产负债表的各项内容，不仅要知道不同名字的资产负债表科目究竟指的是什么，还必须知道它们之间是怎么样彼此关联的，甚至还要知道资产负债表是如何来影响利润表和现金流量表的，利润表和现金流量表又是如何和资产负债表钩稽在一起的。

表 1　管理用资产负债表

年　　月　　日

项　　目	金额（万元）
经营性流动资产	
经营性非流动资产	
经营负债	
金融资产	
金融负债	
股东权益	
经营性净资产	
净负债	
净负债＋股东权益	
净负债增加	
股东权益增加	

表 2　管理用利润表

年　　月　　日

项　　目	金额（万元）
营业收入	
变动成本	
边际贡献	
固定成本	
净利润	

基于以上三个原因，就使管理者一般不具有分析理解资产负债表的能力，同时对资产负债表没有太大的兴趣。但是如果想要了解怎样衡量

企业的财务成果，要做些什么才能进一步改进财务绩效，如果不去深究资产负债表深奥的秘密，不去了解资产负债表背后的艺术，不知道怎样分析资产负债表，是不能够说真正拥有财务智慧的。

资产负债表的格式

要理解资产负债表，最好能够随意去找一份身边的资产负债表，可以是你公司的，也可以是从网上的上市公司的年报，下表为上市公司海螺水泥 2015～2019 年度财报。

资产负债表的英文叫 Balance Sheet，直译过来应该叫余额表，它显示的是在一个特定的日期一家公司的财务状况。所以在资产负债表的最顶部都会有一个很特殊的日期，一般是月末，或者是季度末，或者是年度末。所以在看财务报表的时候，就会相应地看到月度、季度和年度的利润表，同时会看到月末、季末和年度末的余额表，即资产负债表。有很多大公司，除了为整个公司编制资产负债表以外，还会为下面的各个业务单元也就是各个投资中心来编制资产负债表。一般来讲，这样的做法对大众来说并不常见。

海螺水泥 2015～2019 年度财报

会计年度	2019-12-	2018-12-	2017-12-	2016-12-	2015-12-
货币资金(万元)	5 497 708.00	3 761 911.00	2 475 978.00	1 558 598.00	1 447 145.00
交易性金融资产(万元)	1 678 274.00	2 514.00	231.00	-	-
应收票据(万元)	837 540.00	1 313 424.00	1 112 734.00	651 109.00	449 518.00
应收账款(万元)	127 362.00	123 264.00	105 971.00	65 468.00	42 205.00
预付款项(万元)	269 242.00	210 893.00	80 189.00	58 105.00	44 228.00
应收款项融资（万元）	335 058.58		-	-	-
应收利息(万元)	57 976.00	29 402.00	15 891.00	11 489.00	4 661.00
其他应收款(万元)	304 362.00	1 113 396.00	293 202.00	73 884.00	76 310.00
存货(万元)	557 152.00	602 272.00	470 520.00	454 853.00	423 804.00
持有待售资产（万元）	981.10	6 264.01	-	-	-
一年内到期的非流动资产	2 796.00	-	-	-	-
其他流动资产(万元)	42 509.00	41 957.00	40 569.00	65 927.00	132 767.00
流动资产合计(万元)	9 710 960.68	7 205 297.01	4 595 285.00	2 939 433.00	2 620 638.00
可供出售金融资产(万元)	-	-	46 141.00	293 518.00	324 960.00
长期股权投资(万元)	382 061.00	318 199.00	279 076.00	331 543.00	297 544.00
其他权益工具投资（万	32 609.58	25 867.96	-	-	-
投资性房地产(万元)	8 573.00	6 495.00	3 647.00	2 797.00	4 016.00
固定资产(万元)	5 885 842.00	6 032 046.00	5 966 763.00	6 227 802.00	6 169 552.00
在建工程(万元)	403 740.00	190 887.00	236 422.00	152 104.00	157 151.00
工程物资(万元)	220 045.00	154 953.00	132 950.00	105 091.00	106 036.00
使用权资产（万元）	5 424.53	-	-	-	-
无形资产(万元)	997 871.00	837 184.00	797 613.00	749 770.00	716 049.00
商誉(万元)	51 440.00	51 440.00	49 365.00	49 365.00	46 373.00
递延所得税资产(万元)	109 939.00	95 386.00	67 782.00	52 955.00	45 394.00
其他非流动资产(万元)	69 214.00	36 982.00	39 215.00	47 034.00	90 427.00
非流动资产合计(万元)	8 166 759.11	7 749 439.96	7 618 974.00	8 011 979.00	7 957 502.00
资产总计(万元)	17 877 719.80	14 954 736.96	12 214 259.00	10 951 412.00	10 578 140.00
短期借款(万元)	294 170.00	137 693.00	93 481.00	127 521.00	85 987.00
交易性金融负债(万元)	-	-	-	-	639.00
合同负债（万元）	349 369.06	331 310.27	-	-	-
应付账款(万元)	730 365.00	639 573.00	498 628.00	437 928.00	390 405.00
预收账款(万元)	-	-	214 382.00	155 014.00	135 510.00
应付职工薪酬(万元)	148 029.00	124 610.00	103 065.00	72 451.00	58 276.00
应交税费(万元)	670 392.00	724 766.00	351 508.00	151 309.00	97 221.00
应付利息(万元)	5 086.00	4 466.00	11 839.00	13 161.00	34 641.00
应付股利(万元)	-	-	25 807.00	10 000.00	15 377.00
其他应付款(万元)	401 334.00	377 654.00	344 193.00	411 296.00	463 622.00
一年内到期的非流动负债	143 375.00	275 124.00	468,527.00	326 242.00	758 538.00
流动负债合计(万元)	2 742 120.06	2 615 196.27	2 111 430.00	1 704 922.00	2 040 216.00
长期借款(万元)	387 129.00	260 658.00	486 048.00	544 725.00	224 640.00
应付债券(万元)	349 805.00	349 875.00	349 846.00	599 586.00	849 328.00
长期应付款(万元)	45 813.23	-	-	-	-
租赁负债（万元）	3 483.29	-	-	-	-
长期递延收益(万元)	44 946.00	40 589.00	33 929.00	24 864.00	16 963.00
递延所得税负债(万元)	72 377.00	46 630.00	36 595.00	47 438.00	55 835.00
非流动负债合计(万元)	903 553.52	697 752.00	906 418.00	1 216 613.00	1 146 766.00
负债合计(万元)	3 645 673.58	3 312 948.27	3 017 848.00	2 921 535.00	3 186 982.00
实收资本(或股本)(万元	529 930.00	529 930.00	529 930.00	529 930.00	529 930.00
资本公积(万元)	1 058 732.00	1 058 475.00	1 057 632.00	1 068 432.00	1 068 432.00
盈余公积(万元)	264 965.00	264 965.00	264 965.00	264 965.00	264 965.00
其他综合收益（万元）	14 351.00	11 024.97	29 117.41	59 082.21	72 500.56
未分配利润(万元)	11 868 190.00	9 404 496.00	7 058 984.00	5 738 482.00	5 113 361.00
归属于母公司股东权益合	13 736 168.00	11 268 892.00	8 940 630.00	7 660 892.00	7 049 189.00
少数股东权益(万元)	495 877.00	372 896.00	255 781.00	368 985.00	341 968.00
所有者权益	14 232 045.00	11 641 786.97	9 196 409.41	8 029 876.21	7 391 156.56
负债和所有者权益	17 877 718.58	14 954 735.24	12 214 257.41	10 951 411.21	10 578 138.56

资产负债表的传统模式都是资产在左边，负债和所有者权益在右边，负债会在所有者权益上面，见下表。

资产负债表			
项目	金额	项目	金额
资产 （可用的钱）	A	负债 （借来的钱）	B
		所有者权益 （自己的钱）	C
资产总计	A	负债与所有者权益总计	B+C

在公司内部应用的管理报表中，为了方便阅读，会把资产放在最上面，负债在中间，所有者权益在最下方。但无论是横着放还是竖着放，资产、负债和所有者权益的关系都是平衡的，因为资产必须永远等于负债加所有者权益。资产负债表会显示出一个可比的数据，比如当年 12 月 31 日的数字和上一年度 12 月 31 日的数字。通常去看资产负债表最上面的标题就可以知道，这样的可比数据比较的是哪两个时点的资产负债和所有者权益的余额，一般会把它称为年末数和期初数。

资产负债表里面的一些科目对于大众来讲，可能大多数会看起来都觉得很陌生，但是无论科目叫什么名字，管理者只需能够区分这些科目，哪些是用来记录所有的，哪些是用来记录所欠的，这样即可对资产负债表有一定的掌握。

资产负债表的内容

什么是资产负债表呢？实际上它反映的是企业在某一个特定的时点所拥有的和所欠的事项的会计报表。企业所拥有的和企业欠别人的之间的差额就是所有者权益。所以和以提高盈利能力为目标一样，增加企业所有者权益及增加企业净利润这两个目标是交织在一起的，密切相关。

所有者权益就是用来衡量股东在企业中所拥有的股份，也可以把它称为一个企业的战略价值，从会计术语来讲所有者权益总是等于资产减负债，同时也可以换个角度来理解所有者权益，就是股东所投入的资本金加上企业成立以后累计赚来的利润减掉累计支付给股东的分红后的总额。但不管怎么说，前面谈的都是一个会计公式，老板要记住这个企业的所有者权益是一个有购买意愿的第三方，他愿意购买你所持有企业的股份时愿意支付的价格。所以所有者权益体现了企业从成立以来累计赚来的利润。

比较不同的会计期间的所有者权益，就会展示出企业累计的利润或者是累计的亏损。对于所有者权益中累计的利润或者累积的亏损，会计上称之为留存收益。理解资产负债表要和理解利润表一样，必须要理解它背后所有的假设和估计，管理资产负债表和管理利润表一样，不仅是一个财务的计算，更是一种艺术。

下表是上市公司海螺水泥股份有限公司合并资产负债表中股东权益的具体项目。

安徽海螺水泥股份有限公司
合并资产负债表（节选）

金额单位：人民币元

项目	附注	2015 年	2014 年
股东权益：			
股本	五、34	5 299 302 579	5 299 302 579
资本公积	五、35	10 684 321 525	10 686 638 402
其他综合收益	五、36	725 005 636	519 247 041
盈余公积	五、37	2 649 651 290	2 649 651 290
未分配利润	五、38	51 133 606 916	47 061 768 574
归属于母公司股东权益合计		70 491 887 946	66 216 607 886
少数股东权益		3 419 682 762	3 394 633 047
股东权益合计		73 911 570 708	69 611 240 933
负债和股东权益总计		105 781 391 621	102 253 097 283

会计恒等式

既然管理资产负债表这么重要，还是得先从一些最基本的假设开始学习。首先，我们从个人的财务状况说起。如果了解了一个人的资产负债表的构成，把这样的原理推广到企业，这时就会更容易理解资产负债表。

一个人所有的财产加在一起减掉他欠别人的钱，得到的就是一个人的净资产。所以这时就可以得到一个公式：

所有资产－所欠债务＝净资产

进行数学变形以后，也可以得到另外的一个公式：

所有资产＝所欠债务＋净资产

对一个人或者一个家庭而言，其所有的包括：银行存款、房子、汽车、股票投资，其所欠的包括：为了买房欠银行的抵押贷款，为了买车欠银行的汽车贷款，以及由于刷爆信用卡欠银行的信用卡账款等。在这里要注意，需要忽略这些资产在某个时点的市场价值，比如房子，以前可能是 30 万元就买下来了，现在值 300 万元。那么在资产负债表上究竟是反映 30 万元还是反映 300 万元，根据会计核算原则中的历史成本原则，这个房子在个人资产负债表上只能记录为 30 万元，不能记录为 300 万元，这可能也是财务报表的局限性。

理解了个人或者家庭的基本知识以后，再把目光转向企业。同样的内容，在会计中的表述方式完全不同，一家企业所拥有的经济资源称为资产，一家企业所欠第三方的欠款称为负债，而企业的净资产称为所有者权益。这时前面提到的公式就变成：资产－负债＝所有者权益（即净资产）。经过一个数学变式以后，也可以得到：资产＝负债（所欠的）＋所有者权益（净资产）。只要学过最基础的会计课程，都会学到刚才提到的公式，这一公式在会计学中被称为会计恒等式。会计恒等式就是资产在一边，负债和所有者权益在另外一边，一方的总和必须等于另一方的总和，这个等式永远是平衡的。

六、资产

在资产负债表上，什么内容可以作为资产来记录呢？从思维模式上来讲，要从对于资产的法律规定展开，用演绎法的逻辑来理解这个问题。用演绎法的逻辑，首先要确定这个大前提，根据中国的《企业会计准则》对于资产的定义：资产是指企业过去的交易或者事项形成的、由企业拥有或者控制的、预期会给企业带来经济利益的资源。说白了就是能赚钱的资源就能作为资产，不能赚钱的资源就不能作为资产。

能赚钱的才叫资产

1988年，财政部会计司接到了当时铁道部的一个求助电话，希望会计司的同志帮他们设计一套有别于当时中国企业执行的《工业企业会计制度》的会计报表。为什么铁道部会提出这样的要求呢？原来当时为了大力发展交通基础设施，铁道部向世界银行申请了100多亿元的贷款，经过前期漫长的磋商以后，世界银行已经初步同意了这笔贷款，但是在签合同的时候却遇到了问题，是什么问题呢？世界银行要求铁道部提供一个铁道部的会计报表给世界银行，铁道部提供了，但世界银行的项目负责人拿到报表就懵了，说根本看不懂这个财务报表。当时中国的财务报表叫资金平衡表，这个资金平衡表的左边是资金的占用，右边是资金的来源，但是当时中国人自己的这套商业语言走出国门的时候，就和国际上通行的商业语言相去甚远，因为国际上通用的商业语言编制的财务报表叫资产负债表。

同样，上海飞乐音响股份有限（以下简称“飞乐”）决定发行B股在香港上市时，也碰到同样的问题。当飞乐把资金平衡表提供给香港方面时，香港对此不予认同，不得已飞乐只好请来安达信会计师事务所（以下简称“安达信”）为其解决此难题，请安达信按照香港的要求编制一套会计报表，当时安达信的报价是 320 万港元，即使现在看来也是高得让人难以置信。两家企业几经谈判，最终以 180 万港元的价格成交，这就是编制一张资产负债表的价值。

所以经过铁道部和上海飞乐这两件事以后，中国的会计主管部门才痛定思痛，在 1993 年的时候颁布了“两则、两制”，什么叫“两则、两制”呢？“两则”是指《企业会计准则》和《企业财务通则》，“两制”是指 13 个行业的会计制度和 10 个行业的财务制度。从此，在中国执行了 40 多年的计划经济时代的旧的会计制度宣告终结。但是现在来看，“两则、两制”也还是一个制度转型过程中的过渡品，最典型的例子就是“两则、两制”对于资产的定义，资产是企业拥有或者控制的能以货币计量的经济资源，包括各种财产、债权和其他权利，这个定义乍听上去好像没什么问题，但是和 2000 年颁布的《企业会计制度》对资产的定义进行比较，就会发现其中的不同了。在 2000 年颁布的新的企业会计制度中，资产的定义被修改为“资产是指过去的交易事项形成并由企业拥有或者控制的资源，该资源预期会给企业带来经济利益”。所以新旧制度对于资产的定义最大的区别就是资源究竟能不能够给企业带来经济利益，在 2000 年对于资产的定义多了后半句话，并不是说 20 世纪 90 年代的立法者不知道资产要能够给企业带来经济利益，这和当时在国有企业改制过程当中出现的巨额亏损有非常密切的关系。

负资产

说起钟镇涛，相信很多人都不陌生，作为“温拿五虎”之一，他给我们带来了很多美好的回忆，但是却令人诧异的是，钟镇涛在 2002 年向香港法庭申请破产。原来钟镇涛和他的前妻章小蕙，在 1997 年亚洲金融危机爆发以前，向财务公司大笔借钱炒作房地产，随着 1997 年危机的到来，导致他们无法偿还债务，欠财务公司 2.5 亿港元的巨额债务，两人在 1999 年离婚，钟镇涛坚持了 3 年不得已向香港法庭申请破产。

无论个人破产，还是企业破产，归根结底都是资不抵债，资不抵债里面的这项资产实际上不是指资产的账面价值，而是指资产的现值或者市值，也就是资产变现以后可以得到的资金。如果资产的市值小于负债，不管资产的账面价值是多少，实际上就已经资不抵债。

在香港说我是负资产者，很多香港人都会感同身受，因为这是很多香港人的生存现状，但是在内地如果说自己是负资产者，很多人听不懂，这时候就需要花一点时间来解释。所谓负资产就是房价下跌，跌到已经低于向银行贷款的数额。目前，相信很多人已经感受到负资产时代的来临，所以在财务上需要把财产和资产进行区分，财产如果不能带来收入，反而是需要不断地为这个财产支付金钱，此时这个财产就不是资产，而是负债。

前文谈到老板对企业资产的投资要十分谨慎，要避免企业长满不必要的赘肉。所以在进行资产投资时，从财务的角度讲，最优的策略应该是采用租赁模式，这样会使企业的财务状况变得很健康，同时使生产经营变得非常有弹性。在经济下行的环境下，这样的投资策略应该更发人深省。

资产如何计价

如何确定一项资产的价值？此时会使管理者陷入两难的境地，要么是以购买资产时实际花费的代价作为资产的入账价值，要么就是资产现在在市场上的市价作为资产的价值。哪种方法能够更好地体现出资产的价值？那绝对是以这项资产现在在市场上的市价作为资产的入账价值是最好的计量标准，因为这个价值实际上最能够体现资产自己的身价，并且对管理决策是最有帮助的。

道理确实没错，但是实际操作起来却困难重重，以企业的一台机床为例，这台机床在市场上面并没有非常活跃的市场进行交易，因此要确定这台机床可供参考的交易价格是很困难的。当然，可以用资产评估中重置成本法对机床进行估值，重置成本法即现在去购买一台同样的机床大概要花多少钱。然后再评估现在企业的老机床磨损程度，就可以确定合适的折扣，用机床的重置成本乘以折扣，就得到这台机床的市场价值，重置成本的方法不能说错，因为现在资产评估就是用这种方法进行估值的。

但问题是，究竟如何确定机床的磨损程度呢？这可能就是“仁者见仁、智者见智”的事儿。不同的评估师会有不同的观点，有的人可能说这项资产的成新率是50%，那有的人可能就说这项资产的成新率是60%。由于没办法为这台机床找到一个相对确定的价格，所以，用这种现在的市场价格对资产进行估值，存在一个很麻烦的问题——不够客观。会计是一个谨慎和保守的职业，做财务的人性格上会受到这种工作习惯的影响，自然而然地变得比较保守，所以都喜欢了解清楚资产究竟值多少钱，一是一、二是二地把它说清楚，不习惯说这个资产可能值多少钱，如果只有一个范围就没法做账。

所以世界各个国家的会计准则，无论是美国的《通用会计准则》(*General Accounting Accepted Principles*，以下简称*USGAAP*)，还是《国际财务报告准则》(*International Financial Reporting Standards*，以下简称*IFRS*) 大概都差不多，对于资产的计价，选用的都是历史成本的方法。所谓历史成本，就是以这项资产在取得时候所花费的代价，作为这项资产的入账价值。这样，价值是非常可靠的，金额也是固定的，不会有人有异议。因此，历史成本就成为全世界商业语言中都采用的对资产进行计价的模型。

哪些资产可以用公允价值计价

当然了，大家都知道用历史成本作为资产的计价模型存在缺陷，也就是说它不能够反映这个资产现在的价格变化。对此《企业会计准则》提出了修正的方案：如果这项资产升值了就当没看见，在会计报表项目不计入增值额，但是资产如果贬值了，从谨慎性的角度来讲，损失已经发生，就应立刻把贬值记录下来，作为资产减值项目，在报表上有所反映。资产的计价是用原始的购买资产所花费的代价减去资产减值，作为资产现在在报表中所记录的金额。

前文谈到资产现在的市场价格是最能够体现资产价值的一种计量模式，但因为有很多资产不存在活跃的交易市场，很难找到一个客观的标准给资产计价，所以才退而求其次选择历史成本。可能有的人会提出还是会有一些资产存在活跃市场，事实确实如此，有一些资产的确存在活跃市场。股票就有一个活跃的市场，它每时每刻的市价是多少，中国人看得见，美国人也看得见。所以在这种情况下，就可以通过这样活跃的市场为我们的股票找到一个大家都能认可的市场价格，从而用这个市场价格来对股票来进行计价。

因此，《企业会计准则》就开始引入公允价值这种计量模式。公允价值计量模式除了可以应用在股票上，还有没有其他资产有这种活跃市场？比如房地产，二手房的交易也非常活跃，也可以从市场上取得一个比较客观透明的公允价值。所以现在的《企业会计准则》将股票类的资产称为金融资产，这类资产可以用公允价值来计量，另外房地产也允许用公允价值来计量，一般把这种可用公允价值计量的房地产叫作投资性房地产。除了像股票、房地产也就是金融资产和投资性房地产以外的其他资产，还是用历史成本来计价。

资产和费用的区别

首先，现金是实实在在的，看得见摸得着，毫无疑问是企业的资产。但是有一些资产不一定能看得见，如客户欠的货款，我们把它叫作应收账款，它并不是一件实实在在可以看得见的物品，但是仍然被视为资产，是因为客户所欠的货款，企业实际上拥有了债权，毫无疑问这个债权未来可以给企业带来经济利益，所以把这样的债权也作为资产来加以确认。既然资产不一定都是看得见的有形资产，看不见的也属于资产，是不是就意味着只要看得见的有形的都属于企业的资产呢？答案是不一定。假设公司租了一幢 5A 级的写字楼作为办公场所，这个办公地点确实是看得见摸得着的，但是却不能作为资产反映在公司的会计报表中，因为这个资产是公司租赁的，而不是公司拥有的。所以对于经营性租赁对应的租赁物一般不作为资产加以确认。但这只是一般情况，如果在支付租金的时候一次性付了两年的房租，预付的两年房租就要作为资产来确认，是因为预付的租金超过 1 年，这么多预付部分的房租就会使企业在很长时间内拥有了写字楼的使用权，同时会计上要用配比原则，也就是收入和成本要进行配比。配比原则就要求预付的费用要和未来所发生的收入配比加以确认以后，记录在利润表中，不能把未来所支付的费用反映在当期的利润上，只能将它反映在资产负债表中。

所以大家会发现，要理解资产的概念就必须把资产和费用做一个区分。一般日常发生的支出是作为费用还是资产来加以确认，要看发生的费用支出能不能给企业未来带来经济效益，即有资金的流入。当然，也有人会说企业的任何一项支出都是必须花的，不支出企业就生存不下去，所以企业花的钱都跟未来经济利益的流入有关系。从会计的角度来讲，确实有必要来区分费用和资产，一般认为日常花费，如人员工资、招待费、广告费等支出项目，在支付后并不能带来一个明确的未来的经济利益的流入，它只不过是维持公司现在生存所必须支付的项目，从这个角度来讲，应把这些开支作为费用来处理。但是如果是为了公司未来发展所花费的研发费用、支付给未来的房租、装修费，这些项目是能够给企业带来较明显的未来的经济利益的流入，就可以把它作为资产来加以确认。

在区分资产和费用时，考查的一个重要因素是时间范围，如果一项支出给企业带来的收益的时间范围是在 1 年以内，就把它作为费用来计量；如果这个支出能够给企业带来经济利益流入超过 1 年，就把它作为资产来计量。但是说到底大家要认识到一点，所谓的资产其实就是明天的费用，只不过是时间的问题，在会计上做了不同的技术性处理。

七、货币资金

货币资金包括库存现金、银行存款和其他货币资金，具有专门用途的货币资金不包括在内。

最不需要职业判断的科目

按照会计对资产的定义，资产就是企业所拥有的，能够给企业未来带来经济利益流入且能被企业控制的资源。将资产分解之后，包括现金、股票、债券、存货、应收款、机器设备、房屋、建筑物、土地、专利、商标、著作权等资源，见下表。

资　　产	期末余额	上年年末余额
流动资产：		
货币资金		
交易性金融资产		
应收账款		

续上表

资　　产	期末余额	上年年末余额
预付款项		
其他应收款		
存货		
合同资产		
一年内到期的非流动资产		
其他流动资产		
流动资产合计		
非流动资产：		
债权投资		
其他债权投资		
长期应收款		
长期股权投资		
投资性房地产		
固定资产		
在建工程		
生产性生物资产		
油气资产		
无形资产		
开发支出		
商誉		
长期待摊费用		
递延所得税资产		
其他非流动资产		
非流动资产合计		

那么资产负债表在列示资产的时候，是根据资产的流动性来进行列

示的，把流动性最强的资产放在资产负债表的最上方。一般来讲，它是能够在一年之内变现的资产。流动资产以外的资产叫作非流动资产或者长期资产，它就是变现期限会超过一年的资产，这也可以看出财务报表非常关注流动性。

那么，资产中流动性最强的毫无疑问就是现金和银行存款，也可以把现金和银行存款叫作现金和现金等价物。这个确实是在全世界都是硬通货，它包括企业保险柜里面的现金，还包括银行中的存款，这些都是在需要时可以快速地变成现金，所以它又被称为速动资产，可以说现金和银行存款是资产负债表里面少数几个不需要会计进行职业判断的科目。所以大家在看苹果公司报表的时候，会发现苹果公司的报表上面差不多有将近 1 000 亿美元的现金和现金等价物，这时说苹果公司富可敌国一点儿都不为过。

但是这样一个不需要会计进行职业判断的科目，并不意味着它不可能会造假，很多企业在这个科目中都会说谎，因为企业中任何经济交易在流转下在企业都会体现为现金或者现金等价物，而财务舞弊、财务欺诈的公司所虚增的销售收入通过产品到客户再到回款，最后走完资金流程后，放在企业账上的货币资金因为是财务舞弊导致货币资金并不可能真实存在，这种情况在实际当中会经常发生。

八、存货

几乎所有的制造型企业、商业企业都会有很多的存货，当然像一些服务型企业，互联网 IT 公司的存货相对来讲就会少很多。

认识存货

存货主要的组成就是即将用于销售的产品的价值，一般被称为产成品。存货的另外一部分是正在生产的产品价值，会计上习惯称其为在产品，另外还有用于制造产品和储存的原材料，称之为原材料或者物资采购。

那么，一个专业的会计人员可能需要花很长时间来学习存货的计价方法，当然对于老板和管理者来讲，不需要花太长的时间来深入了解存货具体的计价方法，因为这个项目一般不会影响绝大多数管理者的日常工作。如果是仓储经理、采购经理，就很有必要了解存货具体的计价方法。

但是不同存货的计价方法会使资产负债表的资产发生很大的改变，如果企业在会计年度里改变了存货的计价方法，那必须在资产负债表附注里详细地说明。存货的计价方法包括：个别计价法、加权平均计价法、先进先出法。对于管理者来讲，不需要去深刻了解每个计价方法到底是如何具体使用的，但是作为一个老板，必须要知道所有的存货都是有成本的，是花费现金而取得的。所以为了减少存货对资金的占用，提高资产的运营效率，也就是资产的周转率，就必须要有方法来改进现状，在其他条件不变的情况下要降低存货，提高现金水平。如果有很低的存货或者是零库存，但仍然可以实现生产，可以向客户交付产品。这个时候，资产的盈利效率就处于最佳水平。

对存货周转水平的管理，也是财务管理中一个非常重要的内容。

戴明——一个对家庭鸡蛋都实行先进先出的质量管理大师

当年，个别中国人到日本旅行时顺便购买日本生产的电饭锅、马桶盖，殊不知日本在许多年以前的产品也是以质量低劣而“闻名于世”。在国际市场上 Made in Japan（日本制造）就等同于劣质产品的代名词。所以当时有的日本公司就迫不及待地在日本一个叫作 USA 的小村庄设厂，因为通过这样的举措就可以使他们的产品印上 Made in USA（美国制造）这个趾高气扬的标志。那么日本的产品什么时候扭转了这种质量低劣的印象，摇身一变成为高质量代名词？很大程度上应该要归功于戴明。著名管理学大师戴明在“二战”以后帮助日本公司进行全面质量管理即 TQC（Total Quality Control，以下简称 TQC），全面质量管理认为在企业内部不能量化的东西，既不能用来分析，也不可能对它进行管理，戴明的主要贡献就是把数字引入质量管理，把抽象的概念——质量数量化，使质量的成本计算成为可能，从而弥补财务数据的不足，终于让经营者明白应该如何有效地进行质量管理。

据说戴明在家里喜欢把冰箱里的鸡蛋通通标上购买日期，先买的鸡蛋先食用，这样可以确保他一直持续不断地吃到相对来说比较新鲜的鸡蛋，这种库存管理方法就是我们所谓的先进先出法，即 FIFO（First Input First Output，以下简称 FIFO），当然与此相对应的就是后进先出法 LIFO（Last In First Out，以下简称 LIFO）。

说到戴明的名字乍一看还以为是中国人，实际上他是一个美国土生土长的质量管理大师，如果不是因为一个偶然的机遇，他充其量只是一个勤奋的抽样管理专家，和那些成千上万的为美国政府效力的专业人士没什么两样。但是第二次世界大战的结束既改变了世界，又改变了戴明的命运，他来到了日本，在战后日本的经济中发挥了巨大的作用，同时在质量管理方面也做出了划时代的贡献，也因此奠定了他质量管理大师的地位。

随着日本经济对美国的进逼和威胁，美国人也开始重视戴明，把他的思想引回国内。戴明所学的专业实际上和质量管理并不沾边，他本科学的是电气工程，在耶鲁拿到了数学物理学的博士学位，博士毕业以后进入美国联邦统计局，成为美国联邦统计局的数学专家兼抽样顾问。“二战”结束以后，他离开了美国联邦统计局，成立自己的顾问公司，专门从事工商管理工作。1947 年，戴明接受了麦克阿瑟的征召，奔赴日本，帮助日本进行战后重组。当时的日本，除了古都京都以外，其他主要的大城市都在第二次世界大战的大规模空袭中被摧毁殆尽，许多人在战争中丧生，工业几乎全部被战争破坏，农业减产三分之一，而作为一个缺乏自然资源的岛国，日本的崛起就依赖于开拓国际市场，但是战争刚刚结束的日本缺乏向国际市场开拓的资本，物质匮乏使大量的美国货流向日本，导致日本对美国出现巨额的贸易逆差。戴明来到日本，他本来的愿望是指导日本人怎么用统计的方法进行人口普查，当时日本的科技联盟为了打开海外市场，扭转日本贸易逆差的困境，决定向美国人求救。于是就邀请戴明来讲授统计与质量管理学知识，所以在 1950 年 7 月 10 日到 7 月 18 日，戴明就接受了日本科技联盟的邀请，在日本的四大城市授课。戴明在日本的讲座不再突出他擅长的统计学而突出质量管理，他立足于一个基本的信念：高质量是可以降低成本的。在过去几乎所有人在质量管理方面都会有认识上的误区：第一个是认为质量管理是生产者的责任，第二个是认为高质量的产品必然会造成高成本。直到现在，我国的制造型产业可能仍然存在这样的认识误区，可以说戴明为了澄清这两个误区不遗余力。

当时最有实力的、控制日本 80%资本的 21 位企业家在向戴明传授管理思想时，强调大多数的质量问题都是管理者的责任，而不是工人的责任，因为整个生产程序是由管理者制定的，工人被排斥在外，如果能够争取一次性把事情做好，不造成浪费，就可以降低成本而不需要扩大投入。当时日本人最关心的问题就是如何从战后萧条的状态中恢复并崛起，他们向戴明请教，如何能够改变日本产品在国际上质量低劣的形象，从而把日本从一个制造低劣低档产品的国家转变为能够在国际上具有竞争优势、可生产高质量产品的国家。戴明说，只要可以引进数字管理应用统计分析，建立质量管理机制，5 年以后，日本的产品就可以超过美国。很显然这样的断言在当时没有人相信，因为日本人最大的梦想不过就是恢复到战前水平，所以他们私下聊天的时候，觉得这个美国人的话过于乐观。但是他们也愿意学习美国人的方法，按照戴明的指示放手去做。道理当然很简单，当时的日本已经失去一切，也没什么可损失的了，所以，在引入了戴明的质量管理方法以后，日本的产品质量总体水平在 4 年以后，也就是大约在 1955 年就超过了美国。到了 20 世纪的七八十年代，日本在经济总量上对美国造成了巨大的挑战。所以事后戴明回忆道："当时我告诉日本人说他们可以在 5 年内席卷全球，但是结果比我预测得还要快，不到 4 年，来自全世界各地的买主就为日本产品疯狂。"

从此以后，戴明就成了日本质量管理的专家，在随后的 30 年里，他在日本各地举办全面质量管理的培训讲座，传授他的管理思想。他关于质量管理的理论框架和操作要点基本上都是在日本成型，比如说非常有名的"管理的十四个要点""分析解决质量问题的四步骤"都是在日本讲座的结晶。据估计，日本每 5 个企业的最高管理者当中就有 4 个人听过他的讲座，所以日本企业界对戴明感恩戴德。据说在丰田公司东京总部的大厅里，有三张比真人还大的照片，其中第一张是丰田的创始人，第二张是丰田现任的社长，第三张比前面两张都大，照片里的人就是戴明。

所以，日本人为了表达对这位质量管理专家的感激和敬意，在1951年时，日本科技联盟就用戴明捐赠的课程讲义的稿费和募集来的资金设立了著名的戴明奖——一个刻着戴明侧像的银牌，用于奖励在质量管理方面取得重大成就的企业。为此，在1960年，日本天皇颁发给戴明二等瑞宝奖章，他是第一位获此殊荣的美国人。

盘点是为哪般

我在管理工厂的时候，每到月底都要身先士卒带着成本岗位相关人员去仓库盘点，一般会提前一到两个礼拜把盘点通知发给生产、销售、采购、仓储运输各个部门，要求他们提前做好准备。到了盘点那一天，所有的原材料都不再允许入库，所有的产成品也不得出库，如果条件允许工厂还需要停产一天，所以经常出现在盘点那天来拜访公司的客户误以为我们被工商税务查封了。盘点的时候，需要爬到堆成小山一样的原材料上面进行盘点。有时候有的材料需要放在冷库里，所以必须要跑到零下三四十摄氏度的冷库中进行盘点。

通过盘点要达到什么管理上的目的呢？一是为了核对数额，如果通过盘点发现实际的库存数量比账上少了，那么这就属于盘亏，需要马上把它调整计入利润表里，同时还要对盘亏的原因进行追索，避免在今后的工作中又重复出现盘亏或盘盈的情形。二是为了观察库存的质量以及价格，在盘点过程中要特别关注那些库龄比较长的存货，如果存货的库龄比较长，那就意味着这些存货购入以后就没有再投入到生产中，属于适销不对路的产品。对于这样的存货，按照《企业会计准则》的规定，就需要像对应收账款计提坏账准备一样，对存货进行计提跌价准备，那么计提存货跌价准备是一个关键的管理信号，用来警告管理者：我们的仓库中已经出现了滞销的存货。

所以在前文谈到一个企业如果想把自己变成一个肌肉型企业，就需要及时地把仓库里面滞销的存货处理掉，同时还要再反思一下，这些用不着的东西究竟是怎么被采购进来的，怎么样能够从管理的源头扼制这种情况，不要让这些适销不对路的产品进入库房。这就是盘点这样一个很不起眼的管理动作对于管理的重大意义。

九、固定资产

在资产负债表里非常重要的内容就是房屋、建筑物、机器设备这类固定资产，这些固定资产是企业为了维持运营所购买的长期资产，在这要注意会计记录的金额是购买这些固定资产时的价格，而不是房屋、建筑物、机器设备等的市场价值。

历史成本原则的优缺点

前面谈到过会计在资产负债表上的一个基本的假设或者原则就是历史成本原则，这个原则要求在审慎的情况下只记录资产购置的价格，而不反映这个资产在以后市场的公允价值，采用历史价格来做会计计量的基本原则，主要的原因就是要避免数据带来的偏差。比如，企业购买一块工业用地，随着中国经济的增长、货币的超发，土地的价值在不断上涨，所以作为管理者就希望可以在资产负债表上体现这块土地的价值，同时还可以在利润表上记录盈利，但是要反映这样的盈利，就需要对这个土地的价值进行判断，而这块土地现在究竟 1 亩为 100 万元、1 000 万元还是 1 亿元，很显然，这是具有高度水分的作业，这就是为什么要用历史成本而不用持续的市价对固定资产进行估值的主要原因。

这样的做法确实会导致会计记录具有滞后性，它不能真实地反映资产现在的市值，所以中国的会计又允许把用于出租或准备用于出售的一些不动产用公允价值对其进行一个持续的计量，把公允价值的价格上升记录为企业的盈利，相反把公允价值的下降反映为企业的亏损。这么做在某种程度上可弥补传统的财务会计在提供信息时出现的不足。

十、商誉

在并购其他企业的时候，我们可能会在资产负债表中看到一个科目叫商誉，商誉是用来记录收购所支付的价钱与收购得到的被收购方的净资产之间的差额。如果收购的价格高于得到的被收购企业的净资产，这样的商誉叫正商誉，反之如果收购价格还低于所得到的净资产，那就叫负商誉。

美好的愿望

商誉这个词大家乍一看可能觉得有点儿不太明白，实际上它不像想象中那么复杂。假设你是一家公司的老板，准备收购一个和你有上下游协同效应的企业，你愿意花 5 000 万元人民币把这家公司买下来，这时，你仔细去看一下被收购的企业的资产负债表，其中会显示出这家企业有多少货币资金、应收款，又有多少存货、固定资产、无形资产、负债。一般来讲，在收购之前会对这家企业做一个尽职调查，如果更慎重，可能会请专门的会计师事务所及评估公司对这个被收购企业进行审计和评估。假设这个被收购企业的资产评估出来的公允价值减掉负债，得到的净资产只有3 000万元人民币。这个时候你花了 5 000 万元人民币，买了一个只有 3 000 万元人民币的净资产，是不是就意味着你做了一宗亏本的交易呢？

实际上每一个人都是理性的，之所以愿意多花 2 000 万元人民币，就是因为这个企业还有一些有价值的资源并没有在资产负债表上体现出来。比如说广受关注的品牌、企业的客户名单、客户数据库，该企业有知识、有能力的管理团队和员工。而这些资源在传统的财务会计处理时并没有将其看作资产反映出来。所以你才愿意多花 2 000 万元人民币去购买这样一些无形的资源，这些东西当然是有价值的。可以设想，如果有一天可口可乐愿意把他的品牌拿出来进行拍卖，这个可口可乐品牌会卖多少钱呢？毫无疑问应该会是个天价。再比如，假设阿里巴巴愿意把天猫和淘宝的客户数据库只卖给一家公司，这家公司愿意花多少钱去买这样的客户名单，那可能这也是一个天价。

正因为这样一些无形资源很有价值，所以会有人愿意多花 2 000 万元人民币。那么在会计处理上，就把多花的这 2 000 万元人民币起了一个名字叫“商誉”。

商誉这个称谓的英文很有意思，英文叫 goodwill，直译过来就是美好的期望，什么是美好的期望呢？就是你希望通过花的这 2 000 万元人民币得到无形资源以后，能够为你赚大钱，这就是商誉的由来。

粉饰报表的工具

对于商誉的会计处理，过去是需要摊销的，因为商誉可以参照无形资产的会计处理方法，无形资产是要摊销的，摊销和固定资产计提折旧意思差不多相同，只不过把摊销这个概念用于无形资产，而把折旧用于固定资产。商誉的摊销一般是按照收购方估计的商誉的使用年限，也就是估计品牌、客户数据库、团队，能够给本企业带来多少年的经济收益，就以多少年来摊销，但如果估计不出来，一般就按照 10 年进行摊销。

后来游戏规则发生了变化，作为制定会计准则的机构——国际会计准则委员会，以及包括美国的财务会计准则委员会认为，所收购企业的商誉里面包括的企业品牌也好，客户名单也好，这些资产实际上和有形资产不太一样，它实际上不会随着时间的流逝而贬值，反而可能随着时间的流逝更有价值。所以与其说商誉像机器设备，不如说商誉像土地，不对商誉进行摊销，反而更能够体现商誉的现实特征，所以基于观念的改变，现在的做法就是每年对商誉进行减值测试，看一下所购买的企业的品牌、客户名单有没有贬值，如果有贬值，要把这个贬值损失计提出来，如果减值测试出来之后商誉没有贬值，就维持它原先的价值不变。

这是会计规则的一个很大的变化，这个变化会产生什么效果呢？比如前面谈到的例子，花了 5 000 万元买一个只有 3 000 万元净资产的企业，那么 2 000 万元就要确认为商誉，如果按照 10 年摊销，每年就要摊销 200 万元，这 200 万元就要从利润里面扣减掉，如果现在不摊销了，相当于每年这样的费用就会减少 200 万元，意味着利润可以增加 200 万元，所以游戏规则的一个改变就会对社会行为产生很大的影响。如果商誉需要摊销，这时老板在收购其他企业时可能会觉得商誉的摊销影响利润，所以也就不太愿意去购买拥有比较虚的资产的一些企业，比如说 IT 企业、互联网企业，因为这类企业的有形资产很少，买来之后就存在有巨额的商誉需要摊销，摊销以后就会减少利润。

但如果这个会计规则改变了，商誉不用摊销，这时候老板就愿意去购买一些有形资产比较少、无形资产比较多的企业，这样就可以提高像IT、互联网公司这类企业的估值，所以就会有利于这类公司的并购，这种实际上就是会计的艺术，或者是对财务报表的一种粉饰作用。

三思而后行：负商誉

前面说的商誉都是收购价格高于买来的净资产的价值，有没有可能收购价格比花钱买来的净资产还要少呢？比如说花 3 000 万元人民币买一个公司，这个公司的净资产的价值有 5 000 万元人民币，这时是不是就意味着收购方就赚了呢？实际上并不是那么简单，这个值 5 000 万元的净资产凭什么3 000万元就能卖，这其中肯定是有原因的，可能是这个企业虽然有那么多资产，但是产品不对路，或者设备过于老化，或者区位不好，或者人员负担比较重，这都是可能导致净资产 5 000 万元的企业只能卖 3 000 万元的原因。

负商誉就好比我们去买草莓，商贩一筐一筐的卖，表面一层看起来鲜艳欲滴，但可能下面就是烂果。卖家以好果的价格出售，但精明的买家肯定不会支付这样的价格，势必导致草莓的购买价格可能低于其实际价值，出现负商誉。

所以如果在并购过程当中出现了负商誉，实际上也不见得是一件好事，作为一个聪明的购买者，你要想一想天底下没有免费的午餐。在现实当中，这种商业并购正商誉的情况比较多，负商誉的情况当然也不少见。像在国有企业改制过程当中，可能个别国有企业负担比较重，只要能够承接其资产负债、劳动力，那么这个企业就可以直接拿过去运营，这种情况也比较常见，所以无论是收购价格高于还是低于被收购企业的净资产，都会形成商誉，只不过有正商誉或者负商誉之分，由此来提醒买卖双方 goodwill 究竟是一个美好的愿望，还是一个隐含的陷阱，需要三思而后行。

十一、负债

2012 年一部科幻爱情片《逆世界》在中国上映，电影讲述了一个上下颠倒的双生世界，人们像在平行世界里各自过各自的生活，互不干涉。直到有一天，下层世界的男孩亚当遇到了上层世界的女孩伊丹。

资产负债表上的资产和负债就像这样的双生世界，也像一枚硬币的两面。比如个人去消费的时候刷信用卡，刷完信用卡就会欠银行的钱，但是对银行来讲恰恰相反，这样一笔钱就是银行资产。对个人来讲是负债，对银行来讲就是资产。同样的一笔交易对交易的双方来讲，它会成为一方的应收款，也会成为另外一方的应付款，所以资产负债表从表面上来看是一个硬币的两面。

分辨资产、负债是培养财务意识的第一步

负债的目的就是增加资产，资产的来源除了投资者所投入的资本金以外，还可以通过向银行借贷、向供应商赊账来获得运营资金，实际上所有的资产都有可能转化为负债，如果资产运营得不好，不能给企业带来利润就会变成不良资产，而这个不良资产对于老板来讲就是一个沉重的负债，所以很多企业里闲置的产能和设备，如果露天存放任凭它风吹雨打，它的价值就会急剧贬值。同样，如果生产出来的产品卖不出去，堆放在仓库里，它也不再是资产而是负债，对于像应收账款这样的典型资产，一旦收不回来，它就会成为烂账，同时也会变成负资产，也就成了老板的负债。

所以财务世界就像黑格尔哲学的正题和反题一样，它是由资产这样

的一个正题和负债这样一个反题所组成，同样，这样的正题和反题融合以后又成为一个合体，所以在财务中，所有的事物不是资产，就是负债。这样的概念对于老板来讲，在看待整个企业的生产能力时，看待所运营的资源时，就像有一个光谱分析一样，可以看清楚哪些能带来利润，哪些会形成企业的负债，所以分辨资源究竟是资产还是负债，可以说是老板或管理者培养财务意识的第一步。

俄罗斯轮盘赌里待发的子弹

负债就是企业对外所承担的一些经济责任和义务，通俗地讲就是I owe you。只要是欠别人的都属于负债。所以企业的负债就包括银行的贷款，应付的货款，应付股东的借款，应付员工的工资，应缴纳的税金，等等。负债如果相对于流动资产来讲，就有流动负债，相对于固定资产来讲，就有长期负债，相对于资产中的无形资产来讲，实际上就有无形负债。无形负债，会计上把它叫作或有事项或或有负债，比如说企业产品的三包责任所需要履行的一些保险义务就属于或有事项。

假如我们的企业替别的公司做了担保，在担保合同上盖了企业的公章，当被担保的企业还不上钱时就要替被担保公司还钱，这样的担保责任也属于或有事项。

在企业运营过程中实际上都会有负债。如果是一个乐观的人，负债可以看成用他山之石来攻玉，但是对一个悲观的人来讲，负债就相当于俄罗斯的轮盘赌，在一把左轮手枪里面总会有一颗子弹，但你永远不知道哪天这个“子弹”会引发财务问题。实际上和资产一样，负债究竟是好还是坏，完全取决于你如何管理。

银行和供应商借融资

在了解了资产以后，管理者就可以把目光从资产负债表的左边转向资产负债表右边，资产负债表的右边有两个大类，一个大类是负债，另外一个大类是所有者权益，见下表。

负债和所有者权益（或股东权益）列表

项　　目	期末余额	上年年末余额
流动负债：		
短期借款		
交易性金融负债		
应付票据		

续上表

项　　目	期末余额	上年年末余额
应付账款		
预收款项		
合同负债		
应付职工薪酬		
应交税费		
其他应付款		
持有待售负债		
一年内到期的非流动负债		
其他流动负债		
流动负债合计		
非流动负债：		
长期借款		
应付债券		
长期应付款		
预计负债		
递延收益		
递延所得税负债		
其他非流动负债		
非流动负债合计		
负债合计		
所有者权益（或股东权益）：		
实收资本（或股本）		
其他权益工具		
其中：优先股		
永续债		
资本公积		

续上表

项　　目	期末余额	上年年末余额
减：库存股		
其他综合收益		
盈余公积		
未分配利润		
所有者权益（或股东权益）合计		
负债和所有者权益（或股东权益）总计		

首先看负债，负债就是我们欠别人的钱，根据负债流动性的长短，可分为流动负债和非流动负债。而大家首先想到的银行借款也属于负债。银行借款也可以根据它的流动性进行分类，借款期限在一年以内的称为短期借款，在一年以上的称为长期借款。

除了银行借款比较为人周知以外，另外一个就是欠供应商的货款。在会计科目里称为“应付账款”。如果向供应商购买商品的时候，暂时还不需要即时付款，而供应商给了一个账期，那么就多了一笔应付账款，同时对于供应商来讲就多了一笔应收账款。除了应付供应商的货款以外，如果有民间融资，从民间借入高利贷，或者向股东借钱，就有股东借款，这些借款就应放在负债的另外一个科目——“其他应付款”里进行核算。如果我们和客户打交道时是客户先打款给我们，收款之后我们才发货，这时候在没有发货之前，要把预先收到客户打给我们的货款计入负债科目——“预收账款”内核算。

如果购买货物的时候，是先付款给供应商，供应商收款后发货，那么我们就需要把付给供应商的这笔货款放在资产的预付账款科目里。所以预付账款和预收账款只不过是因为结算方式的不同，在会计上要明晰地把它表达出来而采用的不同的会计科目。

债券和融资租赁

企业除了会欠银行的钱、欠供应商的钱、欠借款人的钱以外，实际上所有的企业都会欠员工的钱，因为绝大多数企业都是这个月才支付上个月的工资，所以就会产生这样一个问题，即到了这个月月底的时候，会计就要做报表，但是工资要到下个月才发，这时由于员工已经提供了一个月的劳动，所以必须要记录应该支付给员工的工资，会计就要在月底的报表上把这样的应付未付的工资计提出来，那么这个科目的名字以前叫“应付工资”，现在叫“应付职工薪酬”。对于这样的一个负债，当然到了下个月很快就会被支付掉，但是在当月月底做报表的时候，这个负债确实存在。

除了欠员工的钱，还有的公司会欠税务局的钱，也就是欠政府的钱，这个欠款的原因实际上和欠员工的工资差不多，比如一般纳税人缴纳增值税，当月的增值税需要在下个月 15 日以前缴纳，因此当月月底在做报表的时候，会计人员需要计算出本月应交未交的增值税，把它记录在负债里面，这样对企业来讲，报表上面就多了一个会计科目，以前叫“应交税金”，现在把它改成“应交税费”，这些都是一些常见的流动性负债。

除了流动性负债以外，还会有非流动性负债。非流动负债里面的一个常见的科目就是应付债券，如果一个企业能够通过发改委、银行间的交易协会或者中国证监会审批，那么就可以在中国发行债券，这个债券期限如果是超过一年，它就会被放在非流动负债里面，能够拿到债券发行指标的企业毕竟很少见，所以绝大多数的企业应付债券都不存在。在应付债券下还有一个负债叫“长期应付款”，长期应付款和租赁有关系，租赁无论是指合同法分则里面的租赁合同，还是《企业会计准则》里，都把租赁分成两种：一种是经营性租赁，一种是融资性租赁。经营性租赁的期限比较短，租赁物的所有权仍然属于出租人，那么作为承租人只需向出租人按期支付租金，这时由于资产的所有权不属于承租人，所以它就不会在承租人报表上体现出来。一般来讲，只需在支付租金的时候把相应的租金计入相关的费用中即可。

但是融资租赁完全不同，从会计的角度来讲，融资租赁的实质和分期付款购买商品没什么太大区别。另外，融资租赁和《中华人民共和国民法典》买卖合同里面的所有权保留的买卖也有很大的相似程度，所以从实质重于形式的角度来讲，这个融资租赁的资产实际已经在承租人的控制之下，所以会计准则要求要把这样的资产作为承租人自己的资产看待，要记录在资产负债表的资产中。同时由于融资租赁期限比较长，就需要把未来几年需要支付的租赁款记录在资产负债表的负债当中，也就是“长期负债——长期应付款”科目。所以会计准则把经营性租赁作为一种表外业务进行处理，无论是租赁的资产还是相对应的负债一般都不出现在报表上，而融资租赁把它作为一种表内业务来处理，无论是租赁的资产还是未来需要支付的租赁款，都需要反映在资产负债表的资产和负债里。

借鸡生蛋与护城河

有的企业老板会利用负债经营，因为负债经营的好处显而易见，就是借鸡生蛋，用别人的钱来替自己赚钱。如果借款的利息率低于利润率，毫无疑问，通过用别人的钱为自己赚钱，就可以放大赚钱的倍数，财务上就把它叫作财务杠杆。同样，在生产经营过程中，利用规模经济摊薄固定资产带来沉重的经营压力，这种方式叫经营杠杆。

对一家聪明的企业来讲，都要运用财务杠杆和经营杠杆来提升利润。但实际上，是不是财务杠杆越高越好，也就是资产负债率是不是越高越好呢？这个问题没有人能够回答。这个杠杆是经典的牛顿力学中一种理解力的思维方式。在应用财务杠杆增加未来利润的时候，同时也就增加了企业经营的风险。如果财务杠杆越高，负债越高，那么利息负担就越重，这样赚来的利润扣除利息以后所得到的纯利润就会大幅度减少，但因为有利息的存在会导致最后纯利润所对应的每股收益加速减少，所以高负债率可能是锦上添花，也可能是雪上加霜。如果不能够按期偿还利息，就会登上银行的黑名单，被银行催收贷款，催收以后就可能出现现金流断裂的威胁，需要根据《中华人民共和国企业破产法》规定申请破产保护。综上所述，财务杠杆肯定不是越大越好。

从财务管理的角度来讲，究竟财务杠杆应该要多大才好。根据经验有几个判断的方法，一是看看息税前的利润，也就是在没有扣除利息之前的利润能不能够覆盖利息。如果利润能够覆盖利息，说明还有举债空间；如果利润不足以覆盖利息，就意味着企业在为银行打工，这是判断负债高低的方法。二是看看评估利润率和利息率，它们之间是一个相反的关系。如果是利润率高于利息率，这时就可以运用负债这个工具，但是反过来，利润率还低于利息率，这时高负债只会加速利润的减少，这也是评估究竟需不需要用负债进行融资的一个方法。三是可以通过未来的销售预测，确定财务杠杆。如果预测未来的销售额会有非常大的增长，那就少采用股权融资，少发行股票，而多发行一些债券，多向银行融资，这时可以使税后利润增长较快；但如果预测未来的销售额不会有太大的增长，就要少运用债券融资，尽可能用股权融资进行筹资，就好比按揭买房，当有了一点积蓄以后，到底要不要提前偿还贷款，实际上就是要比较银行的利息率和用闲置资金进行投资的回报率孰高孰低。如果用闲置资金投资股票，这些项目的投资回报率高于银行的利息率，当然就不应该提前偿还银行贷款，如果反过来在股票投资情况不好，或者说用这笔钱去购买理财的回报率甚至还没有银行贷款利率高，就应先偿还银行贷款。从财务管理的实践经验的角度来讲，还有很多专家也很推崇这种方法，评估用偿债能力的指标来判断负债规模究竟合不合适。一般来讲，《财务管理》教科书都会提到，即一般流动资产应该是流动负债的两倍，扣除存货以后的速动资产也就是只包括现金和应收账款，被称为速动资产，它不应该小于流动负债。另外，长期负债一般不应该超过净资产的一半。

实际上，教科书里面常用这样的规范性说法，在运用的时候还要根据国情的不同和行业的特点进行判断，所以中国和美国的企业在资产负债率、流动比率、速动比率上的差别很大，千万不能本本主义，抱着教科书上的经典不放，认为它是理所当然的真理。作为老板，虽然比财务人员的思维更敏捷，但是也需要了解评估负债规模的一些工具和方法，给自己的公司设计一条比较深的护城河。

第三篇

驱动企业的三个“发动机”

企业股东投资回报率，是由三个“发动机”来联合驱动的：第一个“发动机”是净利润率，它体现了企业的盈利能力；第二个“发动机”是资产周转率，它体现了运用资产效益；第三个“发动机”是资本杠杆，它代表用别人的钱来赚钱的战略能力。这三个“发动机”共同驱动企业的股东投资回报率。

→ 股东投资回报率

如何甄别一家公司是好公司还是坏公司？据说，在巴菲特的选股模型里很重要的一个财务指标就是寻找股东投资回报率大于20%的公司。为什么连巴菲特都特别重视股东的投资回报率？因为只有这个比率是最具有代表性的财务指标，所以我带大家先来认识认识这个神奇的财务指标。

顾名思义，股东的回报率就是股东将资金投入到一家企业，每年可以获得的回报与他的投资额之间的比例。所以回报越高，投资回报率就越高，这个比例就越大，说明企业经营得越好。股东投资回报率是等于企业的净利润除以企业的净资产或者是所有者权益。计算公式如下：

股东投资回报率＝净利润÷净资产（所有者权益）

通过一个数学变换后，可以把股东的回报率分解为净利润率乘以资产周转率再乘以资本杠杆。计算公式如下：

股东投资回报率＝净利润率×资产周转率×资本杠杆

净利润率等于净利润除以营业收入，它反映的是每一元钱的收入产生利润的能力，所以它体现了企业的盈利能力。资产周转率等于营业收入除以总资产，它体现在运营资产过程中的运营效率。而资本杠杆体现的是在多大程度上运用了债权人的资金，而不是股东的自有资金，所以它表现的是企业用别人的钱赚钱的能力。

所以企业的股东回报率，是由三个“发动机”联合驱动的：第一个“发动机”是净利润率，它体现了企业的盈利能力；第二个“发动机”是资产周转率，它体现了运用资产的效率；第三个“发动机”是资本杠杆，它代表了用别人的钱赚钱的战略能力。这三个“发动机”共同驱动了企业的股东投资回报率。

净利润率——盈利能力

前面谈到了驱动企业的三个“发动机”，第一个“发动机”是净利润率，它体现了企业的盈利能力，净利润率是净利润除以营业收入，所以它就是指收入创造利润的能力。两家相同收入的企业，由于成本控制水平的不同，谁的成本控制力度大，谁剩下的利润就越多，它的利润率也较高。

盈利能力反映了管理层控制成本的力度。另外，假设两家公司的净利润率都是10%，但是一家是中石油，它有10 000亿元的销售收入，产生了10%的净利润也就是1 000亿元；而另外一家是餐馆，它有1 000万元的销售收入，产生了100万元的净利润，哪个企业更有投资价值呢？毫无疑问，能够把收入做得越高的企业，在保持了和竞争对手相同的净利润率的情况下，收入和利润越多，就更具有投资价值。

对于净利润率这个企业关键的盈利指标，它不但要求控制成本，而且要求把收入越做越高。那反过来讲，净利润率或者企业的盈利能力就是股东获得回报的一个前提，所以亏损的企业是不可能给股东带来回报的。一家亏损的企业如果只是想着把收入越做越高，但却忽略了成本控制，导致卖得越多亏得越大。老板和管理者就显然错把收入当作利润，他不知道评价一家企业盈利能力的指标是利润，而不是营业收入。

好的公司在关注收入的同时，必须学会控制成本，这样才能获得更高的利润。

资产周转率——资产效率

驱动企业的三个“发动机”中的第二个“发动机”就是资产效率，衡量资产效率的指标就是资产周转率，它代表了企业赚钱的速度，用营业收入除以总资产，体现的是资产创造收入的能力。所以，同样的两家企业投入同样的资产，获得的收入越高，效率就越高，赚钱的速度就越快，最终投资人获得的回报也就越高。理解资产效率最简单的两个例子就是餐馆的翻台率和酒店的客房出租率。以餐馆的翻台率来讲，假设有两家餐馆，同样营业面积都是 100 平方米，都只能放 10 张桌子，每张桌子平均的营业收入是 200 元。那么如果翻台率只有 1 的话，就意味着每张桌子只能使用一次，创造 200 元收入，总收入也只是 2 000元。但是如果我们可以把翻台率提高 1 倍，那就意味着每张桌子会被使用两次，每次的收入是 200 元，最终的收入就是 4 000 元。当资产利用效率越高，收入就越高，最后利润也就越高。同样在酒店的经营管理当中，最关键的核心指标就是客房的出租率，它的原理和餐馆翻台率相同。

在看整个企业的绩效时，即使这家企业的盈利能力还不错，利润率很高，看上去资产的净利润率还不错，但这并不是真正的终点。作为老板和创业者，只有想办法尽量减少应收账款，存货、长期股权投资和固定资产对资产的占用，让利润可以投入销售渠道的建设，也可以做生产的周转资金，尽可能盘活资产，提高资产的运营效率，才能最终提高投资回报率。

→ 资本杠杆

驱动企业三个“发动机”的最后一个“发动机”是资本杠杆，也就是用别人的钱来为自己赚钱的能力。如果用更多别人的钱来为自己赚钱，毫无疑问，作为股东的投资回报率也就越高，当然与此相对应的就是企业的经营风险提高，这时就存在很高的现金流断裂的风险。

所以，要理解资本杠杆或者叫财务杠杆，就必须解释企业经营的钱实际上就来自于两个方面：一个是股东投入的钱；另一个是跟债权人形成的融资，它包括银行的借款、供应商的借款。用债权人的借款，就是一个借力打力的行为，这样的行为能获得更大的资本杠杆，用更多别人的钱来扩大收入、赚取更高的利润。

以这个世界上很多赚钱的生意都是因为能够充分地运用财务杠杆，

从而使这个行业的盈利能力变得特别强。比如：巴菲特的伯克希尔·哈撒韦公司，大家熟知的是他投资可口可乐、IBM（国际商业机器公司），这些股票的资产只不过占他总资产的三分之一，剩下的三分之二就投资在保险和再保险市场，所以伯克希尔·哈撒韦公司是全美乃至全球最大的保险和再保险公司。保险公司的一个特点就是用投保人的钱来为股东赚钱。同样的道理，银行也是如此：用存款人的钱来为投资人赚钱，为什么近 10 年来中国银行业成为中国所有行业里面盈利能力最强的行业，道理也是如此。另外，像赌场和房地产行业也有这样的特点，房地产行业可以用购房者预付的购房款来投入到房地产的建设项目中，这样房地产的投资人实际需要自己投入的资金相对来说比较小，房地产商就可以很好地运用资本杠杆，用购房者的钱为自己赚钱。当然，借力打力肯定也是一把双刃剑。一方面可以用资本杠杆撬动利润，从而使股东投资回报率成倍放大，这当然是一件好事，但不可忽略的事实是负债到期必须偿还。如果不能在债务到期之前通过销售收入回笼资金，到时候无力偿还借款，这时企业就会面临现金流断裂风险。

运用资本杠杆有一个前提条件：必须要确保财务安全。在经济下行的宏观经济条件下，作为老板和创业者，必须能够抵制诱惑，适当地借力打力，在可控的范围内享受财务杠杆带来的好处。否则就会像德隆、乐视一样，超额的负债率一旦出现问题就会让企业出现现金流断裂的风险，最后自食恶果。

所以，总的看来，衡量一家公司好坏的关键就在于股东投资回报率的高低，而这个财务指标是由三个“发动机”共同决定的，好的公司不仅盈利能力强、赚得多，同时还要求资产运用效率高、赚得快，最后，在风险可控的条件下面用别人的钱为自己赚钱，借力打力，这样才会赚得更多。

决定盈利能力的硬性指标

现在的 VC（Venture Capital Investment，风险投资，以下简称 VC）和 PE（Private Equity，私募股权投资，以下简称 PE）在看待创业公司的时候，已经不可能再像十几二十年前那样，只要是一种很棒的商业模式，就有可能投钱。这个时代的融资危机归根结底还是要回归商业本质，就是企业最终的目的：盈利。那么决定盈利能力的硬性指标是什么呢？它又是如何计算出来的？

可以说评估一个企业盈利能力强弱的硬指标就是净利润率。净利润率等于净利润除以收入，再乘以 100%。对净利润再进行进一步的拆解分析以后，净利润就等于收入减去成本，然后再除以收入乘以 100%，也可以做一个很简单的数学变形，把净利润率变成 1 减掉成本率，再乘以 100%。

用公式表示如下：

净利润率＝（收入－成本）÷收入×100%

＝（1－成本÷收入）×100%

从这样一个很简单的数学公式中可以看到盈利能力包含收入和成本这两个指标，要提升盈利能力，那只有两个途径：开源和节流，即增加收入或者控制成本。如果想要开源，就需要在营销、销售策略、销售渠道上加大投资力度，需要大量的人力、物力和财力资源的投入。在现在竞争日益激烈的市场环境下，可以说企业是很难寻求突破，同时这些在营销、销售渠道上的投入又会进一步拉升成本。相比较而言，节流也就是成本控制，反而有更大的或者更有效率的操作空间。

因此，不论采用什么样的方式，成本控制一定是提升企业利润率最有效的武器。

提高资产运营效率

在前面的章节中我们一再谈到“现金为王”，也就是很多公司看上去经营状况还不错，取得了一些利润，但是仔细分析后发现利润实现的质量很差。比如有一家企业，一年有 1 000 万元的营业收入，但仔细分析后会发现这一年来新增的应收账款就有 700 万元，那就意味着 1 000 万元的营业收入里面至少有 700 万元实际上还放在客户的口袋里，并没有收回。

作为老板和创业者一定要分析，企业中究竟有没有什么元素在悄然无声地拖住企业增长的后腿，这就需要从资产效率的角度对这个问题进行分析。资产的运营效率是驱动股东回报率的发动机。而评估资产运营效率快慢的关键指标就是资产周转率，资产周转率等于收入除以总资产，把总资产再往下拆解以后，就可以得到资产周转率等于收入除以流动资产加上非流动资产，还可以把流动资产和非流动资产进一步细分，把它分为应收账款、存货、固定资产，这样就进一步得到应收账款周转率、存货周转率以及固定资产周转率。

很显然，在资产周转率这个关键指标里，分子越大分母越小，也就是收入越大，总资产越小，这时资产周转率越高，也就意味着要提升资产运营效率只有两种途径：第一，收入增加，总资产下降；第二，收入保持不变，总资产下降。要提升收入，就要在销售端下大功夫，这可以说是营销管理的重点，暂且不论。如何降低总资产，降低企业对资产的占用是财务管理工作很重要的内容。

所以，当我们把目光放到企业总资产的时候就会发现，影响企业总资产最关键的三类资产是应收账款、存货和固定资产。一定要找到可以有效控制应收账款、存货和固定资产的方法，找到管理资产周转率发动机的方法，那么提升资产效率的问题就可以迎刃而解了。

用资本杠杆撬动高额回报

一家企业运营的资金来源于两个渠道：第一个是来自于股东，包括股东投入的资本金和企业的未分配利润，其中一个是股东的投资，一个是股东投资所赚来的钱。在资产负债表上，资本金和未分配利润加在一起叫作净资产或所有者权益；第二个来自客户、经销商、供应商和银行，也就是别人的钱。这在资产负债表上会体现为短期借款、预收账款、应付账款、其他应付款，会计上把它称为负债。

前面谈到过财务管理的一个核心就是管理经营风险，而反映经营风险的关键指标就是资产负债率，也就是用别人的钱来为自己赚钱。所以经营风险就是指因为用别人的钱太多，可能遭受现金流断裂的风险。那么对于经营风险，可以用财务杠杆或资本杠杆来表达。

$$财务杠杆=总资产\div净资产$$

通过数学的变化以后，资本杠杆可以得到一个简洁的结论，它等于1加上负债除以净资产，计算公式如下：

$$\begin{aligned}资本杠杆&=(净资产+负债)\div净资产\\&=1+\frac{负债}{净资产}\end{aligned}$$

根据前面所谈到的驱动股东回报率的三个“发动机”，就知道要获得高额的股东回报率，就需要用较高的资本杠杆，而提升企业的财务杠杆关键就在于增加企业负债。负债越高，财务杠杆越大，股东回报率越高。那么，是不是财务杠杆越大越好呢，当然不一定，财务杠杆或者是资本杠杆是一把双刃剑，它既可以成倍地放大股东的投资回报率，也会加大企业现金流断裂的经营风险。

因此驱动财务杠杆这个“发动机”的核心理念就是要在确保现金流安全的前提下适当地负债经营，从而享受由财务杠杆撬动高额的股东回报率的好处。